saúde&beleza
dos seios

Mais de 100 respostas para suas perguntas

Dr. MAURÍCIO MAGALHÃES COSTA
com a colaboração de LÉA MARIA AARÃO REIS

saúde&beleza dos seios

Mais de 100 respostas para suas perguntas

EDITORA RECORD
RIO DE JANEIRO • SÃO PAULO
2003

CIP-Brasil. Catalogação-na-fonte
Sindicato Nacional dos Editores de Livros, RJ.

C874s
Costa, Maurício Magalhães, 1958-
 Saúde e beleza dos seios: mais de 100 respostas para suas perguntas / Maurício Magalhães Costa; com a colaboração de Léa Maria Aarão Reis. — Rio de Janeiro: Record, 2003.

Inclui bibliografia
ISBN 85-01-06783-0

1. Mamas — Cuidado e higiene — Obras populares. 2. Mamas — Doenças — Tratamento — Obras populares. 3. Mamas — Doenças — Prevenção — Obras populares. I. Reis, Léa Maria Aarão, 1937- . II. Título.

03-1570
CDD — 618.19
CDU — 618.19

Copyright © Maurício Magalhães Costa e Léa Maria Aarão Reis, 2003

Ilustrações: MYOUNG YOUN LEE

Direitos exclusivos desta edição reservados pela
DISTRIBUIDORA RECORD DE SERVIÇOS DE IMPRENSA S.A.
Rua Argentina 171 — Rio de Janeiro, RJ — 20921-380 — Tel.: 2585-2000

Impresso no Brasil

ISBN 85-01-06783-0

PEDIDOS PELO REEMBOLSO POSTAL
Caixa Postal 23.052
Rio de Janeiro, RJ — 20922-970

EDITORA AFILIADA

Sumário

Agradecimentos   7
Apresentação   9
Introdução   13

  I. Desenvolvimento e hábitos saudáveis   17
  II. Gravidez e amamentação   39
  III. Patologias benignas   57
  IV. Câncer de mama (prevenção e doença)   83
  V. Cirurgia estética e reconstrutora   125

Perguntas que tranqüilizam (para se fazer ao médico)   141
Direitos dos doentes de câncer   149

Glossário   165
Bibliografia   171
Sites importantes   173
Índice remissivo   183

AGRADECIMENTOS

Agradecemos a inestimável colaboração destes amigos, médicos especialistas e profissionais em diversas áreas, que trabalharam conosco fornecendo informações preciosas que visam à saúde e à beleza dos seios.

São eles o dr. Celso Tavares Sodré, dermatologista; dra. Célia Maria Viegas, médica radioterapeuta; dra. Márcia Stephan, psiconcologista.

E também o dr. César Silveira Cláudio-da-Silva, cirurgião plástico; dr. Francisco Silveira, clínico e especialista em nutrologia médica; dr. Carlos Faria, médico homeopata; dr. José Bines, do INCA, especialista em oncologia clínica; dr. João Aprígio, do Banco de Leite do Instituto Fernandes Figueira e especialista em amamentação, e o médico acupunturista Marcus Vinícius Ferreira.

Os nossos agradecimentos também à fisioterapeuta Anke Bergman, à sra. Bárbara Williams, Dinah Schumer, da Abrapac — Associação Brasileira de Apoio ao Paciente com Câncer —, e ao sr. Franz Flykt, da Microlook, sistema de implante de cabelos.

APRESENTAÇÃO

O câncer de mama é a forma de câncer que mais acomete as mulheres em todo o mundo, inclusive no Brasil. É também a principal causa de morte por câncer no sexo feminino.

Segundo dados da Organização Mundial da Saúde, cerca de 500 mil casos novos de câncer de mama foram detectados em todo o mundo no ano de 1975. Na virada do século XXI, este número chegou a 1 milhão (por ano). Ou seja, em 25 anos, a incidência da doença duplicou. Estes números impressionantes fazem do câncer de mama um verdadeiro e grave problema de saúde pública.

Segundo dados do Ministério da Saúde/Instituto Nacional de Câncer (INCA), cerca de 41 mil novos casos de câncer de mama são diagnosticados anualmente no Brasil. Isto significa que 112 casos são diagnosticados no país em cada dia, ou seja, um caso a cada 13 minutos.

Ainda de acordo com a mesma fonte, cerca de 9.500 mulheres morrem anualmente no Brasil por câncer de mama. São aproximadamente 26 por dia e pouco mais de uma por hora.

O câncer de mama é curável desde que seja detectado na fase inicial. O diagnóstico precoce, além de proporcionar altos índices de cura, evita a mastectomia (extirpação do seio), o grande temor das mulheres. Nestes casos, o tratamento cirúrgico é realizado com a retirada de apenas um segmento da mama, preservando o seio e conferindo, na maioria das vezes, ótimo resultado estético.

No Brasil, apenas cerca de 35% dos diagnósticos de câncer são feitos na fase inicial da doença, o que significa que 65% dos casos são detectados em fase avançada, quando o tratamento é quase sempre paliativo e a expectativa de cura, muito pequena. Apenas a título de comparação, nos Estados Unidos e na Europa Ocidental o câncer de mama é diagnosticado em fase inicial em 85 a 90% dos casos.

A principal causa dos números lamentáveis observados em nosso país é a *desinformação*. A mulher informada e que utiliza de forma adequada tal informação terá sempre um diagnóstico precoce, se vier a ter câncer de mama.

Nesse sentido, é necessário que o câncer de mama seja tema de permanente campanha de informação e educação da população feminina. É necessário que os órgãos governamentais competentes ofereçam, além da assistência médica e da condição de realização de exames preventivos, a constante informação sobre o problema. No entanto, infelizmente esta não tem sido uma prática em nosso país. Contrastando com a falta de ações governamentais efetivas de combate ao câncer de mama, temos um país equipado com a mais moderna tecnologia destinada ao diagnóstico e ao tratamento da doença. Existe, portanto, uma grande distância entre o que é possível fazer e aquilo que realmente se faz.

A freqüente abordagem do tema na mídia e algumas campanhas isoladas de entidades ligadas à saúde amenizam o problema da desinformação, embora não o resolva. Enquanto não se estabelece uma ação oficial de prevenção do câncer de mama, algumas iniciativas merecem destaque, como a Semana Nacional de

Incentivo à Saúde das Mamas, realizada anualmente desde 2000 pela Sociedade Brasileira de Mastologia.

Em um país onde o maior problema relativo ao câncer de mama é a falta de informação, esta obra reveste-se de importância especial. Aqui a leitora terá a oportunidade de dirimir as dúvidas mais freqüentes a respeito da saúde das suas mamas. Além de prestar o inestimável serviço de informação voltado para a prevenção do câncer, este livro contém uma ampla gama de informações sobre os seios femininos, abordando todos os aspectos de interesse, inclusive a estética, tão valorizada na nossa cultura.

O mastologista Maurício Magalhães Costa, que assina esta obra com a jornalista Léa Maria Aarão Reis, é atualmente editor-chefe da *Revista Brasileira de Mastologia*, a publicação científica oficial da Sociedade Brasileira de Mastologia (SBM), e presidente do Conselho Científico da Escola Brasileira de Mastologia, órgão responsável pelo Programa de Educação Continuada da Sociedade. Exerceu com brilhantismo o cargo de secretário-geral da SBM no passado recente, além de ter prestado outros tantos relevantes serviços à SBM e à mastologia brasileira.

A mama é muito mais que um simples órgão de adorno, de aleitamento ou de prazer sexual. A mama é o símbolo maior da feminilidade, da condição de ser mulher. Por isso, é inegável a importância de conhecê-la mais profundamente através desta obra.

EZIO NOVAIS DIAS
Presidente da Sociedade Brasileira de Mastologia
Vice-presidente da Sociedade Mundial de Mastologia

Introdução

Os seios ou as mamas representam o símbolo maior da sexualidade e da feminilidade. Qualquer ameaça a sua integridade exerce sobre as mulheres grande impacto emocional e psíquico, assim como situações de tensão e depressão também podem originar de sintomas mamários ou se manifestar através deles.

Os esclarecimentos sobre o desenvolvimento e o funcionamento mamário são extremamente importantes para as mulheres e permitem que elas adotem hábitos mais saudáveis que beneficiarão todo o organismo. Certamente, uma população instruída saberá usar de forma adequada o que a medicina moderna desenvolveu para promover uma vida com mais qualidade.

Trabalhando há 21 anos com prevenção, diagnóstico e tratamento das doenças das mamas, tenho observado a íntima relação entre a saúde das mulheres e a saúde de seus seios. Pude constatar também o grande progresso tecnológico que vem se apresentando, nos últimos anos, que traz esperança de cura e melhores resultados nos tratamentos.

Em 1999, em parceria com a jornalista e escritora Léa Maria Aarão Reis, motivada pelo assunto, escrevi o livro *A saúde dos seios* com o objetivo de transmitir os conhecimentos através de uma linguagem agradável e acessível à população feminina. A aceitação foi muito boa e os objetivos, plenamente alcançados.

Agora, em 2003, resolvemos atualizar o tema da saúde dos seios com novas informações e no formato de perguntas e respostas. Acreditamos que desta maneira estaremos transmitindo, de uma forma didática, os ensinamentos que afastarão os fantasmas do medo e preconceito.

Convidamos competentes especialistas para colaborar conosco, os quais ofereceram preciosas informações no campo de suas áreas de atuação.

A Editora Record, com a sua comprovada qualidade editorial, permitiu um excelente resultado de impressão neste trabalho.

Esperamos que o livro *Saúde e beleza dos seios — Mais de 100 respostas para suas perguntas* contribua para que as mulheres conheçam melhor seu corpo, seu funcionamento, e incorporem novos conceitos que determinam uma vida mais saudável.

Maurício Magalhães Costa

Pela segunda vez trabalho com o dr. Maurício Magalhães Costa, colaborando para divulgar informações médicas relativas aos seios, fundamentais para todas as mulheres. Ele, como médico, e eu, como jornalista, continuamos com o mesmo objetivo, ao longo dos últimos quatro anos, o espaço de tempo que separa nossa primeira parceria da produção deste volume.

Divulgar permanentemente as muitas questões relativas à saúde, e portanto à beleza dos seios, é uma forma de prevenir moléstias, às vezes graves, e também de apresentar um mundo, muitas vezes desconhecido, de detalhes relativos à manutenção da saúde e da beleza das mamas. Quantos esclarecimentos, nessa área, mesmo em situações decisivas ou inesperadas, podem trazer tranqüilidade, conforto, segurança e prazer à mulher? O que vale é a informação correta, real e atualizada, mesmo que não seja agradável, em vez das incertezas da fantasia, das probabilidades, dos mitos e das lendas, dos fantasmas e das inconseqüentes conversas entre comadres.

O formato deste livro, apresentando uma centena de perguntas com suas respectivas respostas sobre os seios, dentre aquelas mais freqüentes que as pacientes fazem aos seus médicos, nos consultórios, é perfeito. Como se trata de um volume de referência, isto é, daqueles que se têm sempre à mão, para consultas, ele é obrigatório na estante de todas as mulheres, quaisquer que sejam a sua origem, a história familiar e de vida, a situação socioeconômica, legal, idade ou profissão.

É um livro objetivo, de simples manuseio, no qual a leitora, rapidamente, pode encontrar a informação desejada. A leitura é fácil, o texto tem uma linguagem acessível e prazerosa e — o mais importante — uma orientação que pode prepará-la para as visitas regulares ao médico.

Esta edição atende às dúvidas das adolescentes (e das jovens), situadas naquele momento tão delicado da puberdade, quando usam seu primeiro sutiã. Esclarece as eventuais apreensões das grávidas, antes de começarem a amamentar seus bebês. Tranqüiliza as mulheres maduras, preocupadas quando chega a hora da menopausa e dos tratamentos de reposição hormonal.

O livro mostra a importância fundamental dos exames preventivos, periódicos e obrigatórios, e informa sobre as patologias benignas dos seios. Descreve os tratamentos e os recursos de última geração utilizados na luta contra o câncer de mama — uma das principais causas de preocupação da saúde pública dos governos do mundo ocidental, neste início de século XXI, diante da incidência crescente de casos entre mulheres de todas as idades.

Dentre as mais de cem respostas contidas aqui, há também as que celebram a beleza dos seios. São informações preciosas, destinadas às mulheres que já se submeteram a cirurgias plásticas (ou pretendem fazê-las), com dicas de procedimentos que promovem uma bela imagem.

Este trabalho, em resumo, se junta ao movimento de empresas, de organizações não-governamentais, de grupos de várias origens, da sociedade civil, num esforço conjunto para, preservando a saúde, manter ou, se for o caso, resgatar a paz das mulheres e a autêntica beleza dos seus seios.

Léa Maria Aarão Reis

I.
Desenvolvimento e hábitos saudáveis

Os seios ou mamas — glândulas especializadas que têm como função principal a produção e a secreção do leite — são essenciais para a preservação da espécie humana. Mas também exercem um papel importante na sexualidade feminina e na vida erótica da mulher.

Os seios ou mamas são, portanto, o símbolo maior da feminilidade, seja na nossa cultura ocidental ou na cultura do Oriente.

Em algumas culturas, como na americana, os seios ou mamas são supervalorizados. Lá, quanto maior seu volume, mais atraente é considerada a mulher, embora os padrões internacionais tenham se modificado nas últimas décadas, mostrando, no entanto, um retorno às antigas e generosas formas. Hoje, também no Brasil, os seios volumosos estão novamente em destaque. Mas a grande maioria das jovens ainda mostra seios de volume compatível com sua altura e seu peso, tendendo para um volume menor do que maior.

O padrão vigente de um belo seio — ou mama — é o de que ele deve ser firme, levantado, e com a pele muito bem tratada.

Seu tamanho, no entanto, varia e tende a modificar-se segundo o desenvolvimento dos ciclos da vida — nas fases do crescimento, da menstruação, da gravidez e durante o processo de envelhecimento.

O processo de formação, tanto nas mulheres como nos homens — que também possuem mamas —, é iniciado ainda dentro do útero materno, na sexta semana da fase embrionária. Após 12 semanas o embrião se transforma em feto e, então, ocorre a formação de uma linha (chamada também de crista) que se origina nas axilas, vai até a raiz das coxas, na região inguinal: é a chamada linha láctea. Os mamilos situados originalmente ao longo dela desaparecem e são reabsorvidos pelo organismo, permanecendo apenas os dois peitorais. Um fenômeno que só se apresenta nos seres humanos — nos demais mamíferos a linha láctea se mantém em toda a sua extensão. As cadelas, por exemplo, possuem várias mamas enfileiradas.

Em certos casos, algumas mulheres e alguns homens também podem apresentar resíduos dessa linha, ou seja, conservam mais de dois mamilos (politelia) ou diversas glândulas mamárias (polimastia). Ou então, o que é mais freqüente, ocorre o prolongamento axilar: glândulas mamárias acessórias e situadas sob os braços.

Neste capítulo, vamos responder às perguntas mais freqüentes feitas pelas mulheres, nos consultórios médicos, sobre a influência dos hormônios nas mamas e como eles podem ser responsáveis pela sua saúde ou, ao contrário, pelas alterações nelas verificadas.

Lembramos também que, numa proposta idealizada, a beleza e a qualidade da pele do colo feminino, e por conseqüência a pele do seio, dependerá do quanto ela se mantém exposta, respirando, confortável, mas protegida do sol. O uso dos sutiãs é importante, portanto, e deve ser feito desde a puberdade. Eles sustentam a massa mamária e os mamilos e preservam a estrutura das mamas — ou seios. Ensinar a escolher o modelo apropriado de sutiã é um dos nossos assuntos neste capítulo.

Quanto aos cuidados que devemos manter em relação à exposição ao sol da pele do colo — assunto ao qual dedicaremos especial atenção, já que vivemos num país tropical —, lembramos que é básico o uso de um creme protetor com o mesmo fator do usado no rosto, ou seja, entre 15 e 45.

Há outros hábitos saudáveis que concorrem para manter a beleza das mamas ou dos seios, como os bons costumes alimentares que devem ser cultivados desde a adolescência. Deste modo, a garota não engordará demais, durante a puberdade, e a pele de suas mamas não correrá o risco de se distender demasiadamente, ocasionando, no futuro, estrias indesejáveis.

Para que os músculos do peitorais se conservem firmes e os seios com uma aparência jovem e saudável, é fundamental exercitá-los. Ginástica localizada, exercícios de aeróbica, ioga, alongamento, técnicas de relaxamento e até, nesses nossos tempos de inevitável estresse, técnicas de meditação diária, ou pelo menos regular, são outros hábitos saudáveis e desejáveis.

1. Como se forma a glândula mamária, ainda na fase fetal?

R. Ela se forma entre o terceiro e o nono mês de gestação, assim como o complexo areolopapilar, popularmente chamado de mamilo. A mama é o resultado de duas estruturas distintas: o mamilo e a glândula. O primeiro é uma protuberância na pele e a segunda é a glândula propriamente dita. No microscópio vê-se que ela é formada pelos ácinos e pelos ductos que se juntam entre si até formar o que chamamos de lóbulo mamário. Milhares de lóbulos reunidos formam um lobo mamário. Na mama madura existem entre 18 e 20 lobos. E a cada lobo corresponde um ducto principal que vai dar no mamilo. Portanto, o leite da mulher que amamenta o bebê escorre por diversos ductos e não através de um simples orifício apenas.

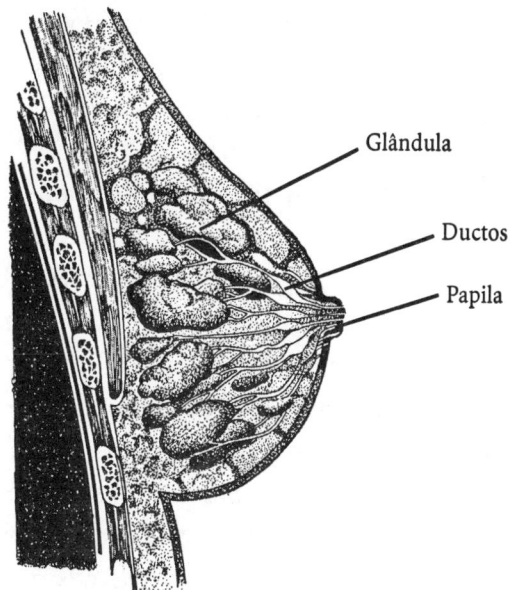

Mama madura

2. Como é o desenvolvimento das mamas na infância e na pré-adolescência?

R. Os bebês, durante os primeiros dias de vida, têm as mamas intumescidas, doloridas e, em certos casos, os pequenos bicos dos seios gotejam leite. Isto ocorre porque durante nove meses eles estiveram, assim como suas mães, embebidos numa grande quantidade de hormônios femininos, que determinam o desenvolvimento da sua glândula mamária. Por essa razão há produção de leite. Mas são alterações reversíveis. Com o término da gravidez, é suspensa a influência dos hormônios maternos e a glândula mamária entra em repouso. Durante a infância, os mamilos acompanham o crescimento da estatura, sendo igual nos meninos e meninas. Quando os ovários começam a funcionar, no início da adolescência, começa também o desenvolvimento dos seios — inicialmente, com um pequeno nódulo sensível, geralmente unilateral. Este broto mamário será a futura mama. Não requer tratamento e nunca deve ser retirado, pois poderá prejudicar a formação mamária.

3. O que é a menarca? E o que sucede nesta fase?

R. É quando há a primeira menstruação e a mama fica mais exposta aos estímulos hormonais. Sucedem-se, então, cinco etapas do desenvolvimento mamário ou telarca: a elevação da papila; a mama e a papila se projetando em conjunto e o tecido glandular se tornando palpável; aumento da dimensão superior da mama (é o começo da formação do colo); acentuam-se a pigmentação e o desenvolvimento areolar — o bico escurece e continua pontudo; e no estágio final desse processo o bico do seio regride e só a papila se mantém projetada.

A estrutura das mamas, portanto, é esta: papila, aréola, ductos, lobos e lóbulos e fáscia, um revestimento fibroso que fixa as mamas ao colo e as sustenta à pele, na parte anterior, e, na parte posterior, ao músculo do grande peitoral. A formação mamária se completa em torno dos vinte anos e o amadurecimento da glândula somente após a primeira gestação.

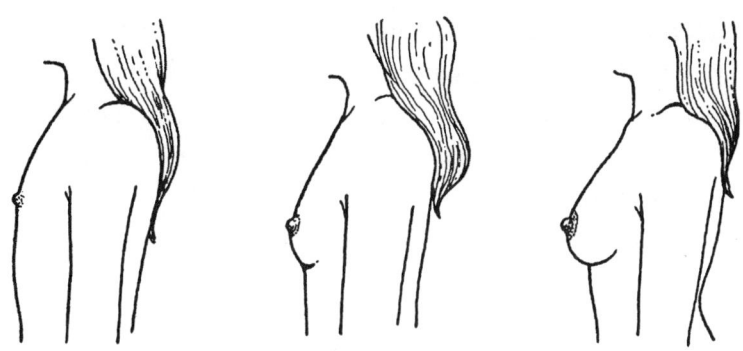

Desenvolvimento mamário

4. Qual é a influência dos hormônios sobre as mamas? E quais são eles?
R. São diversos. Entre eles, o tiroidiano, a insulina, o hormônio do crescimento, mas especialmente o estrogênio e a progesterona (hormônios sexuais), com uma influência marcante. A prolactina atua principalmente na fase da lactação.

Os hormônios sexuais produzidos pelos ovários caem na corrente sangüínea e entram nas células mamárias, atraídos pelos receptores hormonais, onde promovem seu efeito biológico.

As mamas são muito sensíveis e variam com as oscilações hormonais. O ciclo menstrual padrão varia entre 22 e 35 dias e é dividido em três etapas — menstruação (3-5 dias), fase inicial proliferativa (8-12 dias) e fase secretora (14-16 dias). Durante a fase proliferativa, há predomínio do estrogênio. Na fase secretora há a formação do corpo lúteo ou amarelo, produtor de progesterona. Nesta última fase é concluída a preparação uterina e mamária para acontecer uma gravidez. Caso ela não ocorra, os níveis hormonais caem, ocorre a descamação do endométrio, regressão das alterações mamárias, e então tem início um novo ciclo. Essas oscilações hormonais determinam que as mamas sofram, mensalmente, processos evolutivos e involutivos, que a longo prazo determinarão desarranjos arquiteturais da glândula.

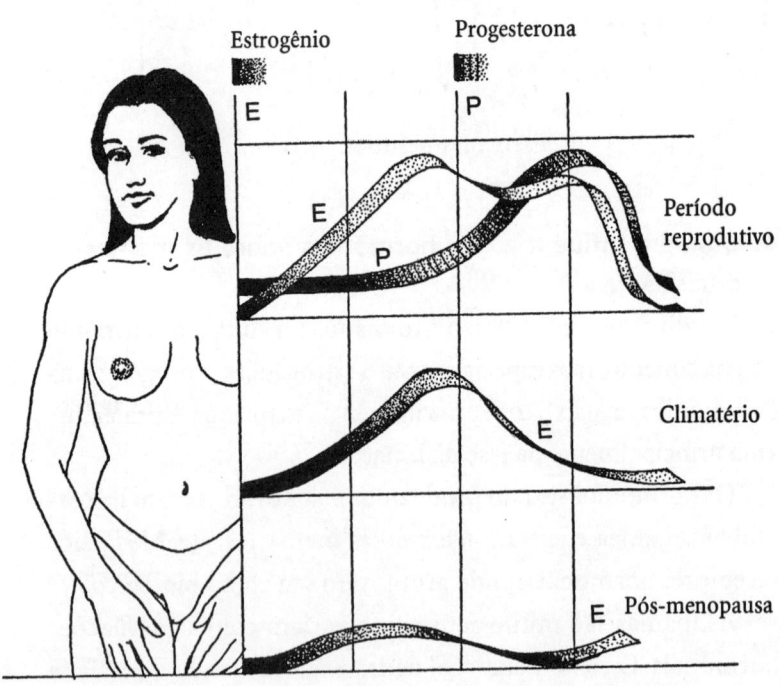

Balanço hormonal

5. O que determina se a menina terá mamas pequenas ou grandes no futuro?
R. Predisposição genética, uma tendência familiar. O seu volume, geralmente, costuma ser proporcional ao tamanho da mulher. Mas elas mudam constantemente no decorrer da vida. Uma das melhores definições para descrever sua estrutura é a idéia do *ever changing*, ou do "estar sempre mudando" durante as fases da vida e durante também os ciclos menstruais — dois fenômenos interligados. Quando ocorre a tensão pré-menstrual, a glândula mamária e o tecido adiposo, a camada de gordura que a envolve e lhe dá forma, se alteram. No espaço onde está esse tecido gorduroso, a glândula evolui (aumenta) e involui (se retrai). Isso ocorre por causa do estímulo hormonal atuante sobre a glândula. Ele ocasiona um edema, uma alteração no chamado estroma, localizado entre os ductos. O invólucro de gordura faz parte do estroma. Quando a mulher vai envelhecendo, a glândula vai regredindo e sendo substituída por essa gordura. Na velhice, freqüentemente a mama se torna flácida.

6. Qual é o processo do balanço hormonal?
R. A natureza planejou de modo que o organismo feminino, em teoria, engravidasse a cada ciclo menstrual. Nossa cultura, no entanto, controlou esse processo natural. Hoje, o corpo da mulher moderna se prepara para uma gravidez, todos os meses, a qual, na maioria das vezes, não se realiza. O organismo feminino se prepara para esse evento e se frustra. É como se, mensalmente, ele se preparasse para uma festa que não se realiza. O processo que determina eventuais conseqüências nefastas sobre as mamas é este: quando o nível de estrogênio começa a subir, no organismo, a mama prolifera. Na época do progesterona, ela prolifera ainda mais

— é exatamente o contrário do que acontece no útero. Mas, logo em seguida, quando a gravidez não ocorre, a mama se retrai e se preserva, funcionando como se fosse um elástico. Pouco a pouco, com o decorrer do tempo, isto vai provocando um desarranjo estrutural e dá origem a eventuais alterações mamárias, ou alterações funcionais benignas das mamas (AFBM, segundo denominação conferida a esse evento pela Sociedade Brasileira de Mastologia, em 1994), um conjunto de alterações no tecido, que podem se desenvolver ou regredir, fruto das oscilações hormonais dessa verdadeira dança de hormônios que se verifica todos os meses. É como se a mama sofresse uma forma de estresse. Ela expressa, deste modo, que não agüenta mais as oscilações. No passado, estas alterações eram denominadas *displasias mamárias*, mas este termo entrou em desuso, pois sugeria uma patologia mamária. E, na verdade, se trata de um fenômeno natural.

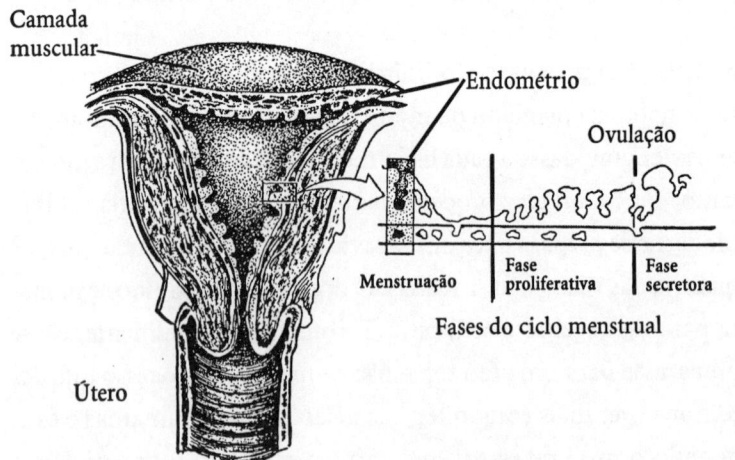

Ciclo menstrual

7. Quais as alterações que as mamas podem sofrer com a tensão pré-menstrual, a TPM?
R. No período pré-menstrual, costumam ocorrer inúmeras alterações no corpo feminino. Elas variam desde pequenos desconfortos, como maior sensibilidade mamária, até quadro de dor intensa nas mamas, inchação e forte distúrbio psicológico, com irritabilidade e depressão. Esta tensão é mediada pelas oscilações hormonais, mas se acentua com a instabilidade emocional e o estresse. O tratamento da TPM pode ser realizado com anticoncepcionais hormonais (algumas mulheres melhoram com eles), vitaminas e, principalmente, com atividades físicas regulares e uma dieta com menos café, chá e chocolate. Casos mais severos podem precisar da administração de antidepressivos.

8. Como se podem evitar as estrias?
R. Esta é uma das grandes preocupações femininas. As estrias se originam com a rápida e grande distensão da pele dos seios, na puberdade ou durante a gestação. A tendência genética é outro fator. Nas mulheres com os seios menores, as chances de aparecerem estrias diminuem. O processo, que é irreversível, faz com que o colágeno e as fibras elásticas se rompam. Uma alimentação saudável, na adolescência, ajuda a prevenção. Existem cremes para grávidas que, se não fazem desaparecer, pelo menos atenuam as estrias, especialmente as mais recentes, avermelhadas. As esbranquiçadas, mais antigas, só desaparecem com procedimento cirúrgico. Óleos de sementes de uva ou de amêndoas doces são indicados, porque são hidratantes leves e não são prejudiciais ao bebê. Mas as estrias não desaparecerão com o uso de cremes.

9. Qual o tipo de alimentação que concorre para a beleza e a saúde dos seios?

R. Não tem segredos. É a boa nutrição tradicional, com o balanço razoável dos cinco grandes grupos de alimentos: carnes e ovos; leite e derivados; cereais, pães, massas e leguminosas — feijões, lentilhas e grãos; frutas e verduras; e o grupo das gorduras, mas sem excessos — manteigas e óleos. Os alimentos *construtores* — leite e derivados — são especialmente importantes durante a gestação e o período da lactação. Os *reguladores* — verduras, legumes e frutas — ajudam a manter os órgãos, de modo geral, saudáveis. Os *energéticos*, do grupo dos cereais, são necessários ao organismo todo.

Tanto a desnutrição quanto a obesidade são desfavoráveis à saúde das mamas. Atualmente se acredita que a alimentação saudável durante a adolescência é um dos principais fatores para a prevenção de doenças no futuro.

Alimentos saudáveis

10. Como deve ser o sutiã ideal?

R. Ele deve prevenir e evitar irritações cutâneas, deve ser fabricado em tecido de algodão puro ou com fibras sintéticas de última geração, de origem natural, feitas com celulose pura, as chamadas fibras "inteligentes", capazes de manter a pele respirando. Os sofisticados sutiãs de seda ou de renda, hoje em moda, também não garantem a absorção do suor. O modelo ideal deve, de preferência, ser de cor clara, porque assim a transpiração é convenientemente absorvida e o suor não fica em atrito com a pele, o que pode provocar, além de irritações, inflamações mais sérias. Os sutiãs de tecidos sintéticos em geral e de cores fortes (preto, vermelho, roxo, azulão) não são recomendados para o uso diário. Além de não absorver corretamente a transpiração, por causa dos corantes aplicados nos tecidos, podem favorecer o aparecimento de alergias e dos chamados eczemas de contato, quando a pele descama, coça e se torna avermelhada. Geralmente, estes eczemas aparecem nos dois seios. Quando surgem em um deles, deve-se consultar um médico mastologista porque pode ser um sinal de malignidade. Mas a micose mais comum na região, em especial em mulheres obesas, é a candidíase inframamária, caracterizada por uma vermelhidão acompanhada de coceira na região do sulco inframamário.

Não há qualquer evidência de que o uso de sutiã cause câncer.

11. E qual a melhor forma para o sutiã ideal?

R. Para as mulheres com seios pequenos, os *demi tasse* ou *meia-taça*, ou sutiãs *gorge*, com arco. Evitam que as mamas se espalhem para os lados. Mas cuidado: o uso contínuo e prolongado deste modelo pode gerar pequenos traumatismos no tecido mamário.

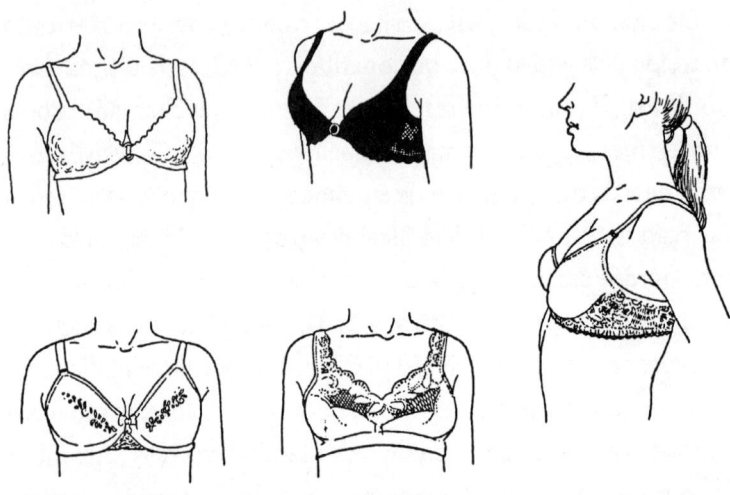

Tipos de sutiã

Para seios mais volumosos, os básicos, com aro e com uma maior capacidade de sustentação. E os sutiãs chamados *redutores*, com o arco e o bojo confeccionados com duas camadas de fibras sintéticas de última geração. Atualmente, estão sendo fabricados no Brasil os sutiãs com modelo do célebre tipo *wonderbra*. São extremamente confortáveis porque protegem os seios, sustentam, permitem uma boa respiração da pele e, do ponto de vista estético, são atraentes. Os *tops*, usados nas academias, nas aulas de exercícios físicos, para andar de bicicleta e nas caminhadas e corridas, não devem ter costuras laterais para não marcar a pele dos seios ou da região axilar. Devem ser confeccionados, também, com tecidos de fibras naturais.

12. Quais os exercícios físicos que ajudam a manter a beleza e a saúde dos seios? E quais os cuidados durante as sessões de exercícios?

R. Exercícios de ginástica localizada, com pesos, ou aeróbica. Pilates, alongamento, ioga, hidroginástica, musculação, até técnicas de meditação e relaxamento, cada vez mais usadas nos dias estressantes em que vivemos no mundo de hoje. Os exercícios dependem também da idade, do estilo de vida e dos objetivos desejados. Basicamente são exercícios que proporcionam a abertura dos membros superiores (levantamento dos braços), exercícios de *pêndulo*, de rotação dos braços, elevação dos membros superiores e ombros, e flexões dos braços.

O fortalecimento da musculatura peitoral — localizada abaixo da mama — pode proporcionar um posicionamento melhor da mama no tórax. Os exercícios podem ser realizados ao juntar a palma das mãos na frente, os cotovelos dobrados, braço na altura do ombro, e empurrando uma mão contra a outra. O ideal é manter a resistência por aproximadamente cinco segundos. Cuidados que se deve ter: no início das sessões, as repetições devem ser poucas e progressivamente aumentadas. Os exercícios são contra-indicados em casos de inflamações e dor na região mamária.

Um programa completo pode ser elaborado para fortalecimento de toda a região torácica. Veja o exemplo de uma série de exercícios a seguir.

Elevação e abertura dos membros superiores

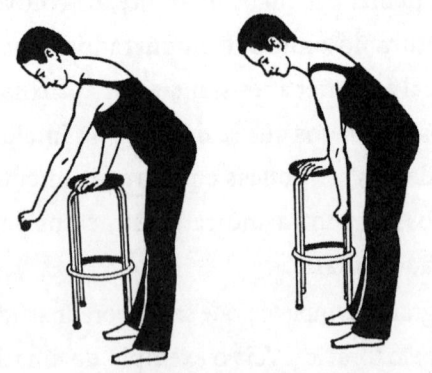

Movimento de pêndulo

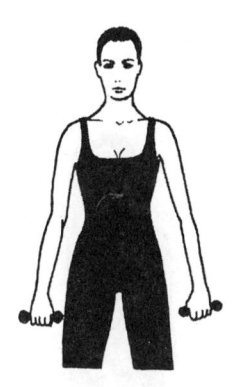

Elevação de ombros

Elevação dos membros superiores e flexão posterior

Flexão dos membros superiores e elevação máxima

Flexão alternada dos membros superiores

Flexão dos membros superiores com a coluna posicionada (inclinada)

13. Quais os cremes com filtros de protetores solares indicados para se passar na pele das mamas? Há outros cuidados para se tomar, na praia e na piscina?

R: Cremes com fator de proteção entre 15 e 45, isto é, o mesmo filtro usado nos cremes para o rosto. Mas os cremes com filtros de maior fator de proteção solar (FPS) podem não ser estéticos, não aderem bem à pele e têm de ser repostos com freqüência, tornando-se às vezes menos eficientes que os de FPS mais baixo mas com uma cosmética, uma aderência e uma resistência ao suor e à água aumentadas. Depende do agrado da pessoa.

A pele do colo também não deve, principalmente durante o verão, ficar exposta diretamente ao sol, porque ela é fina e sensível, já que está sempre coberta pelo vestuário. Mesmo com o uso de cremes com filtro 60, isto é, com alto fator de proteção solar, a pele, de modo geral, sofre a ação do tempo e o envelhecimento intrínseco (ou cronológico). Por isso, é conveniente usar maiôs ou biquínis. Mas, tendo em vista que vivemos num clima tropical, os cuidados são iguais, no verão ou no inverno. Deve-se, portanto, evitar a exposição da pele ao sol nos horários de maior incidência de raios UV — entre 10:00 e 16:00.

Outro cuidado importante: quando deitar de bruços, na beira da piscina ou na areia da praia, deve-se estender uma toalha, especialmente quando as alças são desamarradas, para que as costas não fiquem marcadas pelo sol. Fungos e bactérias podem estar na areia ou no chão, na borda da piscina, por onde passam centenas de pés descalços.

14. A prática do *topless* pode ser nociva?

R. O *topless* facilita o envelhecimento da pele do seio. Exposta diretamente ao sol, ela pode se tornar seca, com manchas e asperezas, e precisará de tratamentos com risco de cicatrizes. Para uma pele do seio bonita e saudável, considerando a sua delicadeza, o *topless* não é recomendado. O ideal é mantê-la sempre coberta. Caso venha a fazê-lo, deve usar os protetores solares adequados.

15. Quais as outras causas para eventuais irritações na pele dos seios e dos mamilos? E como fazer a hidratação dessa região?
R. Uma causa da foliculite nos mamilos pode advir dos pêlos que existem neles. Cortá-los com tesoura, duas a três vezes por semana, é o ideal — e não raspá-los. Se os pêlos se tornam mais numerosos, pode ser o sinal de alguma disfunção hormonal. Mas a excessiva preocupação com a limpeza da pele das mamas pode também provocar irritações. O ideal é usar, no colo e nas mamas, o mesmo sabonete destinado ao rosto. O que realmente hidrata é a camada de gordura contida nos cremes hidratantes. Eles permanecem na pele e não permitem a evaporação do suor. Quando a pele está "desengordurada", a transpiração evapora e resta sobre ela apenas o sal do suor, o que a torna ressecada. Mulheres com tendência a pele seca devem hidratar a região do colo e das mamas desde cedo. Quem tem pele oleosa deve usar os cremes com mais parcimônia. O excesso também pode ocasionar distúrbios cutâneos.

16. Quais os efeitos do tabagismo sobre os seios?
R. O cigarro produz inúmeras substâncias tóxicas no organismo. Elas têm um efeito opositor aos hormônios femininos, determinando a menopausa precoce e alterações nas fibras colágenas e favorecendo o envelhecimento prematuro da pele. Os ductos terminais das mamas são especialmente sensíveis a estas substâncias e podem determinar processos inflamatórios crônicos e fístulas mamárias de difícil cicatrização. O fumo altera também a circulação sangüínea dos tecidos e pode atrapalhar a recuperação da cirurgia plástica.

II.
Gravidez e amamentação

Durante a gravidez ocorrem diversas modificações no meio hormonal da mulher — e, portanto, na sua mama. Os hormônios do feto se somam aos hormônios maternos e a sua produção aumenta significativamente em relação aos níveis básicos.

Nesta fase, novos hormônios também são produzidos pelo organismo, como o lactogênico/placentário e a ocitocina.

Outro fenômeno que surge durante a gestação é o alto nível de estrogênio e de progesterona, que bloqueiam a produção e a saída do leite. Como todos estes hormônios desenvolvem intensamente a mama, nesta época, um dos primeiros sinais de gravidez é a dor mamária.

O volume dos seios cresce, a pele estica, as veias da região aumentam e os seios se tornam túrgidos. Assim eles permanecerão durante todo o período da gestação. O conjunto areolopapilar, composto de mamilo e aréola, se torna mais pigmentado, mais escuro, e bolinhas bem pequenas se formam em torno do bico dos seios. São glândulas mínimas com a função de lubrificar a aréola, protegendo-a e preparando-a para o aumento da fase de amamentação.

Como a gravidez tem mecanismos de adaptação específicos e muito próprios, nesta fase os mamilos de certas mulheres, naturalmente mais introvertidos, se exteriorizam para facilitar, quando o bebê nascer e precisar mamar, a sucção do leite.

Neste capítulo, recolhemos algumas perguntas que, com maior freqüência, as mulheres grávidas fazem, nos consultórios, preocupadas em dar de mamar corretamente ao bebê.

Há, no entanto, algumas práticas singelas que não se devem esquecer.

Por exemplo: antes de amamentar, lavar as mãos com água e sabonete. Outra: as costas da mãe devem estar reclinadas, para maior conforto e segurança. Pode ser usado também um travesseiro sobre as pernas, no qual o bebê, por sua vez, é apoiado, de modo a ficar na altura do bico do seio. Deve-se também segurar a mama com os dedos indicador e médio para evitar que ela obstrua as narinas da criança e para ajudar a saída do leite.

Outra dica é iniciar a mamada pela última mama oferecida ao bebê da vez anterior, e de modo que a maior parte possível da sua aréola esteja colocada dentro da boca dele. Não se esqueça de deixar a mama esvaziar antes de oferecer a outra, e introduza seu dedo mínimo no canto da pequena boca do bebê, devagar e com toda delicadeza, para interromper a sucção. Logo após retire o bico da mama. Assim, evitam-se as rachaduras. Não se deve afastar abruptamente a criança do seio, em casos de urgência, porque o bebê tende a fechar a boca ao sentir a retirada inesperada do seio, o que pode machucar o mamilo.

No fim de cada mamada, coloque o bebê em posição vertical por alguns minutos. Aguarde os arrotos. Não se esqueça de que o ar que a criança deglute quando está mamando favorece a regurgitação e/ou as cólicas.

Não deixe também de limpar bem a região, o conjunto areolopapilar, apenas com água.

Não se deve esquecer que, além de ser uma fase de grande significação na vida da mamãe, amamentar é um procedimento extremamente saudável para a criança. E, como a mama e os mamilos são submetidos a um grande estresse durante a gestação e o aleitamento, a mãe deve ser bem orientada no sentido de preparar o seu seio.

Convém lembrar que estudos e pesquisas recentes revelam, também, que a incidência de câncer de mama é menor entre as mulheres que amamentaram seu pequeno bebê.

A amamentação satisfatória é uma arte que depende dos reflexos instintivos do recém-nascido em combinação com comportamento materno, iniciado por instinto, encorajado por apoios sociais e guiado por conhecimentos e informações corretas.

17. De que é formado o leite humano?
R. O leite humano é uma secreção da glândula mamária, sendo composto de água, proteínas, carboidratos, gordura, eletrólitos e vitaminas. É composto inicialmente de colostro, leite humano de transição — produto intermediário da secreção láctica da nutriz, entre colostro e leite maduro, obtido entre o sétimo e 15º dia pós-parto — e leite humano maduro — produto de secreção láctica da nutriz, livre de colostro, obtido a partir do 15º dia pós-parto.

18. Como devo me preparar para o período de amamentação e por que as mamas aumentam tanto nesta fase?
R. Nesse período não é aconselhável aplicar óleos ou cremes umectantes sobre o mamilo porque os tecidos mamários devem se tornar mais resistentes. Depois do banho, pode-se friccionar ligeiramente a região areolopapilar, com uma toalha macia, o que contribuirá para que esta região resista ainda mais à sucção do bebê que está para chegar. Tomar um pouco de sol diretamente sobre o seio, antes das 10:00 e após as 16:00 (atrase mais uma hora, se estiver em horário de verão), é outra boa preparação para a fase do aleitamento, porque o sol catalisa a conversão de vitamina B.

Para evitar rachaduras ou fissuras, nessa fase a mãe deve ser orientada também para que o bebê, no futuro, ao mamar, abocanhe o máximo possível a aréola. O recém-nascido não deve usar o bico do seio como uma chupeta.

Os altíssimos níveis de estrogênio e de progesterona verificados durante a gestação bloqueiam a produção e o fluxo do leite e fazem os seios aumentarem. Durante o parto, porém, a placenta se descola, os níveis hormonais descem e então começa o processo de produção do leite.

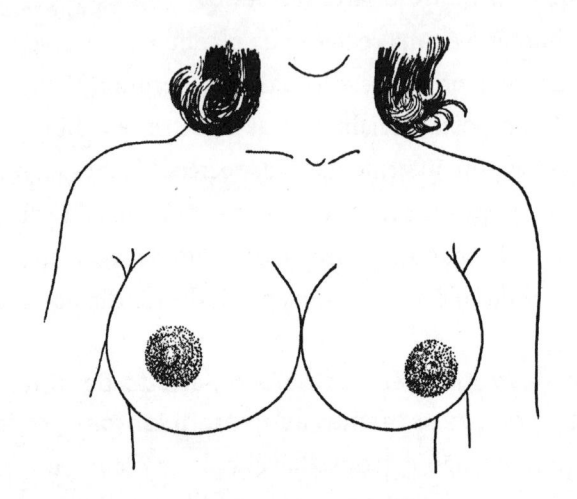

Turgência mamária

19. O que determina as estrias mamárias? E como evitá-las?
R. Quando a mama aumenta bastante, podem surgir as estrias, resultantes de três fatores: predisposição genética, presença de hormônios agindo intensamente sobre a pele e a conseqüente grande distensão. O uso de creme hidratante e sutiã bem ajustado poderá atenuá-las, mas não impedirá sua existência, caso a predisposição e a distensão dos tecidos forem grandes.

20. O que é colostro e quais os cuidados essenciais a serem tomados quando surge o leite e se inicia o aleitamento?
R. Colostro é o líquido amarelado que surge durante os três primeiros dias subseqüentes ao parto, rico em anticorpos e hemoglobulina, dos quais o organismo do bebê tanto precisa naquele

momento. Depois, a criança logo começa a se beneficiar das proteínas existentes no leite materno.

Nesse segundo instante, o grande momento da chegada do leite, as mamas ficam bem cheias e há mulheres que têm febre ou sofrem com alguma indisposição, tal a turgência mamária.

É quando não se deve lavar o mamilo com água boricada ou soro fisiológico. A mama possui um sistema de proteção próprio. Ele não deve ser alterado para não se romper o ritmo da natureza. Não se devem usar sabonetes sobre a aréola durante o banho, porque a substância sebácea secretada pela glândula cumpre uma função protetora e a alcalinidade do sabonete pode aumentar a suscetibilidade da mama. Também não se devem usar óleos ou cremes sobre os seios, porque a lubrificação dos bicos pode dificultar seu abocanhamento pelo bebê, pois se tornam escorregadios.

Não esqueça que o leite humano é uma substância repleta de nutrientes, mas é também porta de entrada para bactérias penetrarem no organismo.

Os chamados *exercícios de Hoffman* devem ser ensinados pelo médico ou pelo profissional da área da saúde que orienta a mulher durante o pré-natal. O objetivo destes exercícios, para proteger os mamilos, é o de guiar a língua do bebê no processo de sucção. Eles devem ser indicados caso a caso, individualmente, e devem ser feitos com todo cuidado, porque facilitam as contrações uterinas. São, portanto, contra-indicados nos casos de gravidez com risco de abortamento. Estes exercícios baseiam-se na expressão dos mamilos lateralmente e no sentido superior e inferior. Isto favorece a exteriorização da papila. Em torno do 15º dia, quando se inicia o leite maduro, pode ocorrer uma queda da produção de leite, mas isto é temporário. Deve-se continuar o estímulo mamário e não suplementar com leite artificial.

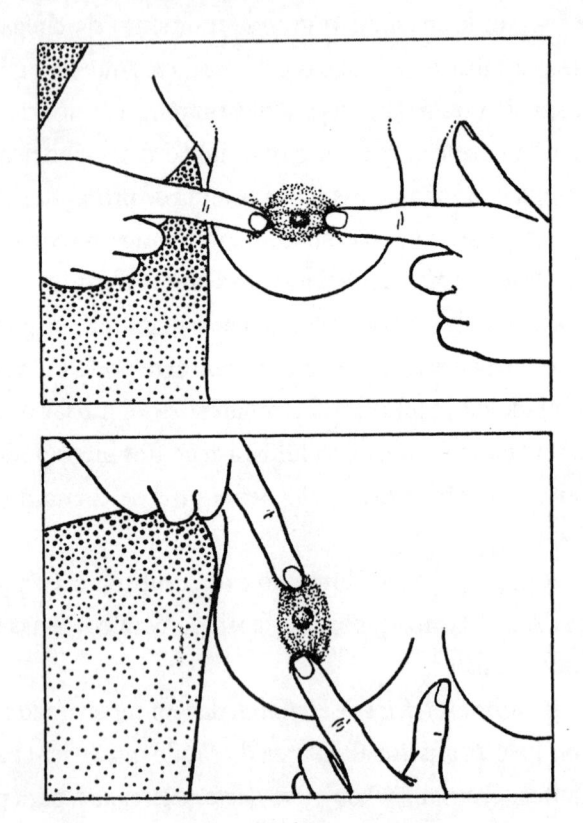

Exercícios de Hoffman

21. Qual o modelo de sutiã mais adequado para o período de amamentação?
R. Aquele que sustenta as mamas (mantendo a posição anatômica dos ductos) e deixa os mamilos à vontade. Algumas gestantes até cortam a ponta do sutiã, o seu bojo, para sentirem o seio seguro e o mamilo livre. Os sutiãs devem ser de algodão e bem ajustados,

porque o peso das mamas, nessa época, força os ligamentos. Desse modo se evita que elas, depois, fiquem caídas. E o atrito do tecido de algodão com a pele do seio não favorecerá irritações. Já o ajuste impede que o leite acumule na parte inferior da mama, ocasionando eventuais infecções. O uso do sutiã, nesta fase, é fundamental.

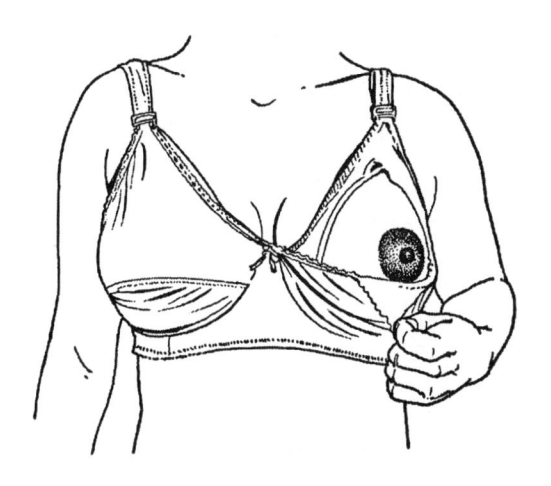

Sutiã para amamentação

22. O que se pode fazer para estimular a produção de leite?
R. Automassagens, até durante o banho de chuveiro, em movimentos de fora para dentro da região mamária. Quanto mais as mamas são estimuladas, mais leite haverá. A sucção cria um reflexo que se dirige diretamente ao cérebro da mulher e faz o organismo liberar mais prolactina, hormônio do leite, e ocitocina, hormônio associado à saída dele. Algumas mulheres usam *spray* nasal alguns momentos antes de amamentar, porque eles contêm ocitocina e estimulam o fluxo do leite.

Há mulheres que, ao amamentar, algumas vezes sentem cólicas. É sinal de que seu cérebro está liberando ocitocina, que age na musculatura da mama, propiciando a contração dos ductos e do útero, e ocasionando as cólicas.

23. O que é mastite da lactação? E leite "empedrado"?
R. Mastite da lactação aguda é um processo inflamatório derivado justamente do leite "empedrado", ou seja, leite estagnado na mama. Ao terminar cada mamada, a mulher deve massagear o seio para retirar o excesso. A mulher que tem leite demais pode usar bombas de sucção, mas o uso excessivo pode ferir os mamilos. Dar de mamar alternando as duas mamas, e não apenas em uma delas, impede a mastite.

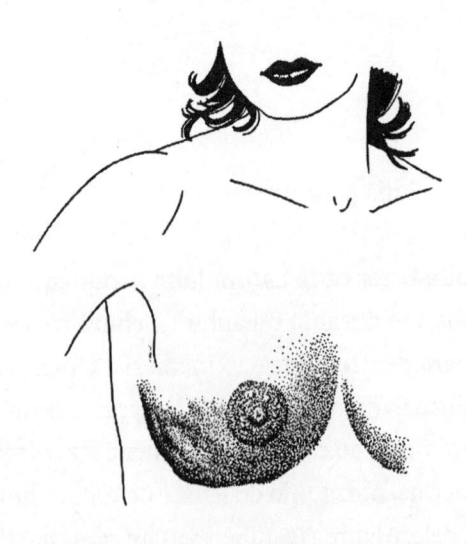

Mastite

A alternância também impede que uma mama fique muito maior que a outra, o que, no futuro, terá de ser corrigido com cirurgias plásticas, tal a desproporção entre elas.

Evitar fissuras nos mamilos é a melhor maneira de previnir-se contra mastites agudas — um processo que pode até ocasionar abscessos, os quais precisam ser abertos e drenados, ou tratados com antibióticos. Um episódio de mastite não significa que a amamentação deverá ser suspensa. Em caso de fissuras, deve-se proceder à extração manual do leite e oferecê-lo no copo por 24 a 48 horas.

24. E quando a mãe não tem leite suficiente — ou quando ele acaba?
R. A fase da amamentação deve transcorrer com tranqüilidade. A mãe deve estar calma e relaxada. O aleitamento compreende um processo psicossomático, e a autoconfiança é fator decisivo para que tudo corra bem — para ela e para o bebê. Muitas vezes o leite "acaba" porque a mãe está estressada, tensa, ou porque não teve uma orientação adequada para saber como se manter equilibrada emocionalmente quando o filho chora, por exemplo. Ou ainda porque não sabe o que fazer quando, nos primeiros dias do aleitamento, o seu seio está mais dolorido.

É preciso lembrar que não existe leite fraco. O seu leite é o melhor para o seu filho.

25. Qual a duração ideal da fase de amamentação e qual o intervalo desejado entre as mamadas?
R. O ideal é amamentar exclusivamente por seis meses e, a partir daí, prolongar a amamentação complementada com outros alimentos até dois anos. É isto o que preconiza a Organização Mundial

da Saúde e também a rede nacional de bancos de leites vinculados ao Ministério da Saúde. As mulheres que precisam retornar ao trabalho antes deste tempo podem retirar o seu leite e armazená-lo na geladeira para que a criança o tome na mamadeira. O leite poderá ser guardado na geladeira por até 24 horas e até 15 dias no *freezer*.

Já o intervalo entre as mamadas, em média, é de quatro horas, mas depende do apetite do bebê: a amamentação deve ser de livre demanda. Foi-se o tempo em que se deixava o bebê chorando horas a fio porque ainda não tinha chegado a sua hora de mamar...

É importante observar que não se deve interromper o aleitamento de repente. É nocivo para a mãe e para o bebê.

26. Álcool, cigarro ou próteses nos seios são impedimentos para amamentar? E a alimentação da mãe, neste período, deve ser especial?

R. Se a mulher é tabagista e o médico a impedir de fumar, ela pode se tornar uma grávida ansiosa e estressada. A orientação, neste caso, é que ela diminua ao máximo o número de cigarros consumidos. Afinal, seu bebê vai merecer esse esforço. Quanto ao álcool, um cálice diário de vinho pode ser até revigorante. A questão é saber qual o tamanho deste cálice...

Drogas e medicamentos passam para o feto, através da placenta, no período intra-uterino, e através do leite, durante a amamentação. Assim, a administração de medicamentos deverá ter, sempre, orientação médica.

Drogas não devem ser consumidas. Drogas entorpecentes, além de determinar malformações, podem causar dependência e síndrome de abstinência na criança. A busca de um estilo de vida equilibrado e harmônico é importante.

Em relação às próteses, depende de como a cirurgia foi conduzida e se a árvore mamária ficou comprometida ou não. As próteses para aumento mamário, geralmente colocadas atrás da glândula, não interferem na amamentação.

Para mulheres mastectomizadas unilateralmente, não há contraindicações desde que sua neoplasia (*ver adiante*) esteja resolvida.

A alimentação da mãe deve ser levada a sério, mas não há necessidade de alterar seus hábitos alimentares. Ajustes quantitativos devem ser feitos, mas não mudanças na qualidade dos alimentos. Durante o período da lactação, é importante associar alguns alimentos, mas os hábitos culturais e as condições socioeconômicas da gestante devem ser respeitados. Lembre que todos os alimentos, condimentos e temperos são absorvidos e também passam pelo leite. O consumo exagerado pode determinar reações intestinais e mesmo alérgicas na criança.

27. Qual a importância de amamentar um bebê?
R. Para compreendê-la, é bom lembrar que no leite existem 19 fatores de proteção, transferidos da mãe para seu filho, e também células com memória para todos os grupos de microorganismos do meio ambiente que entraram em contato com a mulher, durante toda a sua vida, desde a infância. Estas células são estimuladas pelos mecanismos hormonais, durante a gravidez e especialmente na época da lactação, a se multiplicar. Elas migram dos seus locais de depósito para a circulação, depois para a glândula mamária, e então são depositadas na boca do bebê, junto com o leite materno. Os seus fatores de proteção funcionam como um autêntico batalhão de lim-

peza para o organismo do recém-nascido. É para ele que toda a memória dessas células é transferida.

28. Há algum tratamento destinado a melhorar a qualidade do leite e a evitar rachaduras ou eczemas nas mamas da mulher que amamenta?

R. Há medicamentos e uma fórmula composta de substâncias homeopáticas que concorre para o aumento do leite e principalmente para apurar sua qualidade. São substâncias eficientes para o aumento da lactação e que tratam de complicações como fissuras, rachaduras dos bicos dos seios e as inflamações (mastites).

29. Quais os benefícios da acupuntura durante o período da amamentação?

R. Ela pode ajudar na indução do leite, no pós-parto, quando os seios estão túrgidos. E pode diminuir a dor da mastite, paralelamente a um tratamento adequado.

30. Mulher amamentando pode fazer mamografia?

R. A mamografia não é o melhor método diagnóstico para a mulher que está amamentando. Neste período as mamas estão bem densas e dificultam a identificação de lesões radiográficas. Caso algum nódulo seja percebido e requeira investigação, deve-se iniciar com ultra-sonografia e eventualmente biópsia.

31. O que é um banco de leite? Como funciona e quem pode ter acesso a ele?

R. Trata-se de um centro especializado obrigatoriamente vinculado a hospital materno e/ou infantil, responsável pela promoção do incentivo ao aleitamento materno e execução das atividades de coleta, processamento e controle de qualidade de colostro, leite de transição e leite humano maduro. Nele, são atendidas gestantes de alto risco, e seu corpo de profissionais da área da saúde faz o acompanhamento pré e pós-natal dessas mulheres. São bancos que recolhem o leite excedente de doadoras voluntárias. O leite do banco é coletado nas casas das doadoras. Elas também são orientadas a colhê-lo e armazená-lo após amamentar seu bebê.

32. Como amamentar um filho adotado?

R. O processo de produção de leite envolve uma estimulação hormonal complexa durante os nove meses de gestação. Mulheres que não engravidaram e adotaram crianças podem, sob orientação médica, seguir um programa de estimulação que poderá levar à produção de leite e a um aleitamento satisfatório, o que será benéfico para a criança e realizará o lado materno da mãe.

III.
Patologias benignas

Saber conhecer os seios, estar permanentemente em contato com o próprio corpo e, portanto, com as mamas, é fundamental para a mulher moderna. Algumas vezes, sintomas ou sinais desagradáveis e desconfortantes podem ser a causa de apreensão, de angústia e de um desgaste emocional inúteis, porque, no final das contas, quando o médico é consultado verifica-se que as preocupações foram motivadas pela falta de informação correta. Por outro lado, há mulheres que, temerosas de que os sintomas sejam um sinal de uma doença mais séria, não consultam o médico para prevenir moléstias, para serem avaliadas e fazer o chamado diagnóstico precoce, aquele do qual pode até depender a sobrevivência.

É importante saber diferenciar um sintoma ou um conjunto de sintomas e reconhecê-los como patologia benigna ou, por outro lado, como sinal de alerta. É básico saber fazer o auto-exame nas mamas, regularmente e de modo correto. Saber reconhecer quando um nódulo está evoluindo, quando está crescendo ou não. E não se pode, por exemplo, entrar em pânico quando, ao apalpar as mamas, no auto-exame periódico, encontrar uma textura nos seios como a de muitos grãos de arroz embalados. É preciso saber que a mama saudável, madura e adulta é microgranulada — esta é uma das muitas informações básicas. Também se deve aprender a observar se um nódulo no seio está aumentando ou diminuindo, em determinado espaço de tempo.

E outra informação importante: as patologias benignas surgem, em geral — tanto a dor mamária como o aparecimento de tumores —, com maior freqüência no quadrante superior externo das mamas, onde a quantidade de tecido mamário é maior.

Considerando que os principais sintomas das chamadas patologias benignas da mama são a dor mamária, os tumores (nódulos), as secreções, os derrames papilares, as alterações cutâneas e os processos inflamatórios, sobre estes itens recolhemos as perguntas mais freqüentes feitas no consultório do médico mastologista.

33. Dor no peito ou dor mamária pode ser sinal de que alguma coisa não está indo bem nos seios?

R. Nem sempre a dor se relaciona a alguma patologia nas mamas. A dor no peito ocorre quando há um edema no estroma, quando a mama se distende e há certa compressão sobre as terminações nervosas do local. A dor mamária pode ser cíclica ou não. A primeira aumenta em determinados instantes do ciclo menstrual e diminui em outros, e é sempre ligada a alterações benignas. Pode ser sinal de que há uma ação de radicais livres, substâncias que, eventualmente, irritam os tecidos; pode ser apenas uma predisposição da mulher, dependendo de um parênquima mamário excessivo e de uma sensibilidade maior, ou pode ser fruto de oscilações hormonais, de hábitos alimentares e até da relação da mulher com o meio ambiente, vivendo mais ou menos ansiosa.

Mas há um tipo de mastalgia (dor mamária) acíclica, contínua, por vezes associada à parede óssea/muscular, podendo ser, na verdade, uma dor nas articulações ou uma dor muscular projetada sobre o seio. Carregar muito peso ou fazer um esforço demasiado, nos esportes ou durante os exercícios físicos, são causas prováveis. O quadro pode surgir em momentos de muita tensão, de grande estresse, porque a mulher concentra muitas de suas emoções na mama.

Outra causa é o uso de medicamentos com efeitos sobre a mama, como hormônios, tranqüilizantes e antidepressivos, ou o consumo exagerado de chocolate, chá ou café. Existem medicamentos analgésicos que podem aliviar a dor, um dos sintomas que mais preocupam a mulher e quase nunca se associa a uma patologia. É uma dor funcional e tende a melhorar, mas a mulher deve procurar um médico especialista para aliviá-la e, ocasionalmente, submeter-se a exames complementares, caso sejam necessários.

34. Quando e como fazer o auto-exame?
R. Ele deve ser feito mensalmente, desde mocinha — deve constituir um hábito. As datas serão escolhidas pela mulher, mas de preferência após a menstruação, quando o seio se encontra menos alterado e sensível.

Deve-se aprender a detectar as alterações, mas não se deve ficar obcecada com a idéia de fazê-lo sempre, porque assim se impede a comparação com os auto-exames anteriores.

Primeiro, a mulher se mantém de pé, diante do espelho, com as mãos na cintura e olhando as mamas à procura de eventuais assimetrias, retrações ou abaulamentos da pele e sinais de inflamação. Depois, ela eleva os braços e assim estica os músculos. No caso de alguma retração, ela aparecerá. Em seguida, a mulher contrai os braços no nível dos ombros. E, por fim, ela se deita e apalpa a mama esquerda com a mão direita, e a direita com a mão esquerda. Seus dedos devem fazer movimentos como se estivessem tocando piano, apalpando toda a extensão das mamas. No fim, faz-se uma ligeira expressão do complexo areolopapilar e passa-se para o outro lado.

Para facilitar a palpação, pode-se aplicar um creme emoliente ou um óleo lubrificante.

Sugestão para quem tem pouco tempo: fazer o auto-exame durante o banho, sob o chuveiro.

A mama normal tem uma consistência micronodular, ou seja, assemelha-se a um saco de arroz com pequenos grânulos. Os quadrantes superiores são mais densos devido a uma maior presença de tecido mamário.

A importância do auto-exame é a mulher conhecer suas mamas e, ao observar alguma alteração, procurar um especialista.

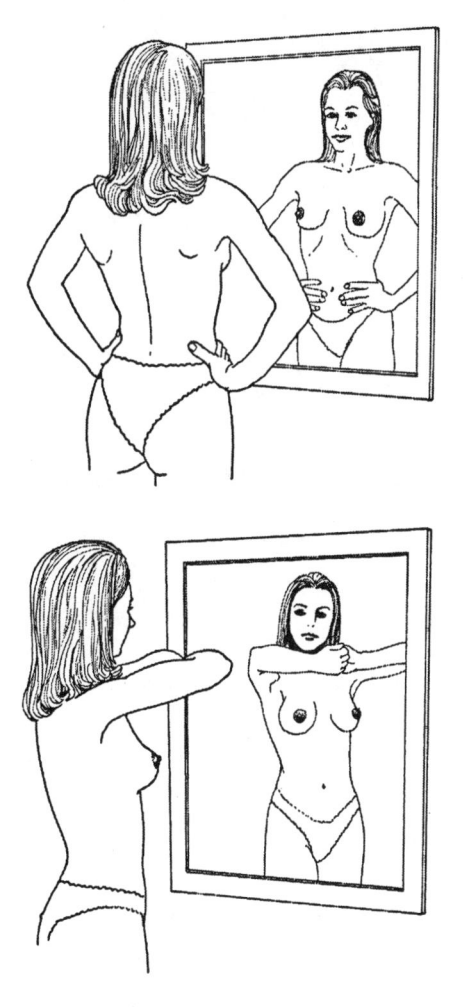

Auto-exame — Inspeção

Mama densa

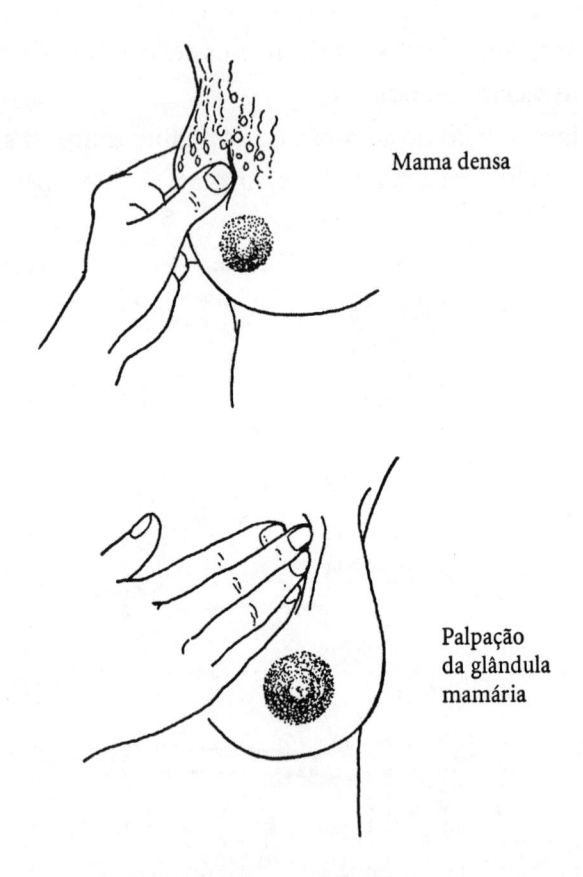

Palpação
da glândula
mamária

Auto-exame — Palpação

35. Como reconhecer tumores e nódulos nas mamas durante o auto-exame?

R. Os tumores e nódulos são formações que podem ser identificados no auto-exame, na palpação periódica, ou nos exames clínicos. Estão sempre situados em áreas bem definidas e têm uma consistência diversa dos demais tecidos. Tumor significa "crescimento organizado de células"; e é tranqüilizante saber que a maioria dos tumores é benigna.

Nas mulheres jovens, os tumores provavelmente são benignos. Naquelas com cerca de trinta anos, é possível pensar na hipótese de um cisto. Nas mais idosas, há possibilidade de o tumor ser maligno.

Os tumores benignos evoluem lentamente, até durante anos. Os malignos aumentam em meses e os cistos crescem até em semanas.

Tumores ou nódulos que variam de tamanho de acordo com a fase do ciclo menstrual geralmente são alterações funcionais benignas da mama e não devem ser causa de preocupação.

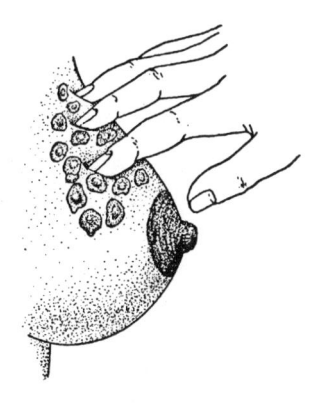

Mama com micronódulos

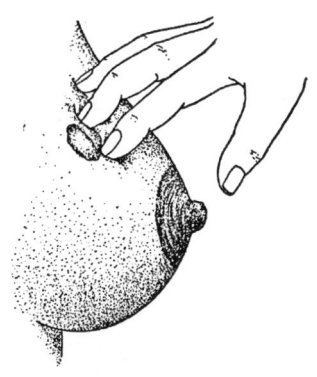

Nódulo único

36. Durante o exame clínico, como o médico pode identificar o tumor ou o nódulo?

R. Ele saberá esclarecer se é único ou múltiplo; se é sólido ou cístico (quando contém uma bola de líquido no seu interior). O médico considera, também, para efeito dos procedimentos, a faixa etária da mulher. Ele saberá dizer se o tumor está solto (não aderido à pele) ou se está enraizado (preso por suas ramificações)

A mamografia, a ultra-sonografia e a ressonância magnética são importantes porque identificam os tumores em fase pré-clínica, ou seja, quando eles ainda não são palpáveis e o seu tamanho é de menos de um centímetro.

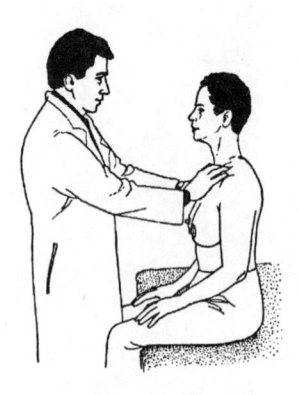

Palpação da base do pescoço

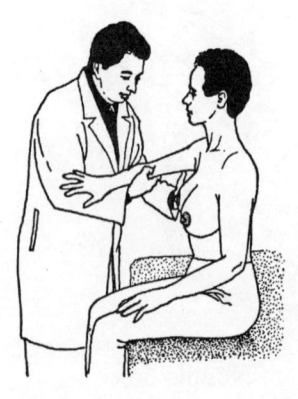

Palpação das axilas

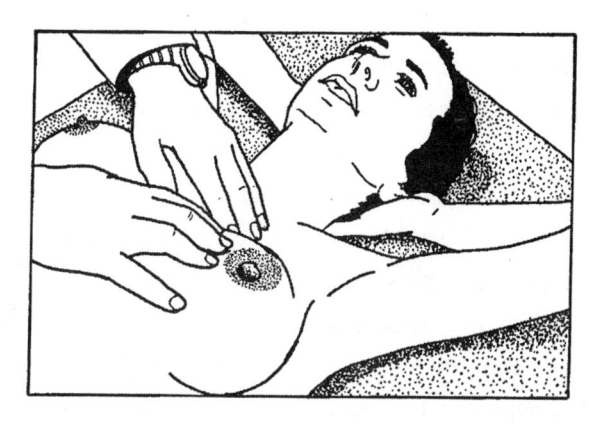

PATOLOGIAS BENIGNAS | 67

Quadrantes internos

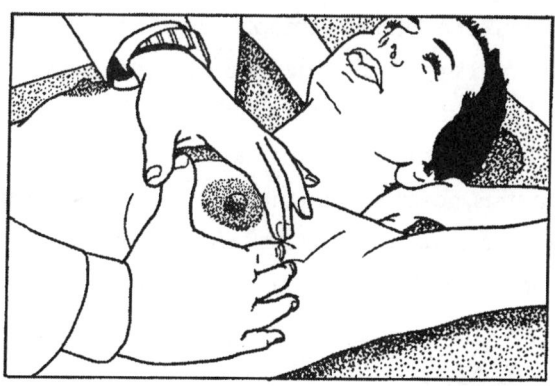

Quadrantes externos

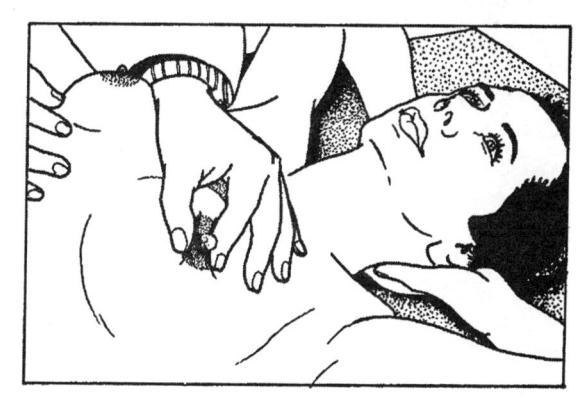

Expressão da papila

Palpação das mamas

37. O que é derrame papilar?

R. São as secreções que saem através dos bicos dos seios (as papilas): leite (fora do ciclo grávido-puerperal), sangue, secreção esverdeada ou transparente e límpida (a chamada "água de rocha"). A saída desses líquidos é espontânea e não se dá apenas quando se espreme o bico do seio com os dedos.

No caso da saída do leite sem que a mulher esteja grávida ou amamentando, ou após um longo período do término da lactação, as causas podem ser o uso de tranqüilizantes, antidepressivos, remédios para emagrecer e, também, embora não necessariamente, a presença de tumores cerebrais e de hipófise. Secreções esverdeadas, em geral, estão associadas a alterações funcionais benignas. Como as células dos ductos das mamas são mais numerosas, elas morrem, e outras, novas, surgem muito rapidamente. Isto faz com que os restos celulares sejam depositados nos ductos, como que se decompõem e, assim, a secreção tem um tom esverdeado.

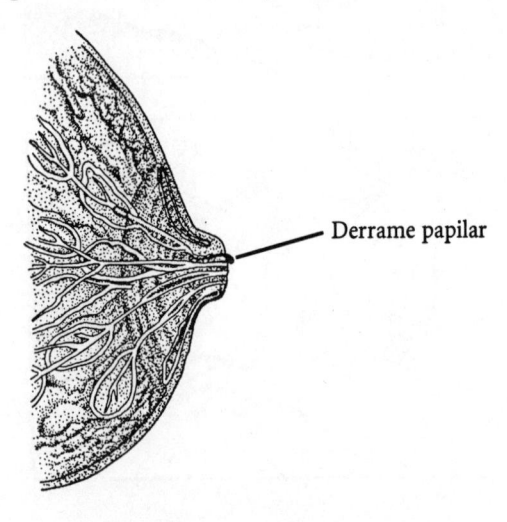

Derrame papilar

Trata-se, então, de um quadro funcional, que mais cedo ou mais tarde tende a desaparecer e para o qual não há tratamento específico.

Já a "água de rocha", secreção sanguinolenta ou transparente, é sinal de alerta. Há necessidade da avaliação de um especialista. Mas ainda assim não se trata necessariamente de um sinal de malignidade.

38. E o que é mastite?
R. É um processo inflamatório agudo, de evolução rápida, ou um processo crônico, de evolução lenta, que pode ser infeccioso — associado a bactérias ou fungos — e não-infeccioso — relacionado ao processo inflamatório da própria mama. Quando é agudo, geralmente ocorre durante o ciclo grávido-puerperal — gravidez e pós-parto — e é provocado por fissuras nos mamilos ou contaminação de bactérias presentes na boca do recém-nascido, às vezes contraídas no berçário. O local da mastite se torna avermelhado e o processo pode resultar num abscesso que deverá ser drenado. As mastites crônicas podem ser causadas por moléstias — tuberculose, hanseníase ou doenças alojadas em outras partes do organismo —, que atacam as glândulas mamárias.

Outros abscessos podem surgir com certa freqüência na junção da pele com a aréola. São chamados de subareolares recidivantes. Eles vão e voltam, abrem e fecham. Há pesquisas relacionando o tabagismo com este processo inflamatório, porque o cigarro contém substâncias que irritariam os finos tecidos desse local, tão delicado, onde rompe o abscesso.

Mas uma das causas de graves processos inflamatórios é a aplicação de injeções de silicone para aumentar os seios — um hábito relativamente comum no passado, hoje descartado pelos médicos. Em hipótese alguma deve ser adotado.

39. Quais são as alterações cutâneas mais freqüentes?
R. As estrias, como já vimos, dependem da predisposição, da quantidade de fibras elásticas que se rompem e da influência dos hormônios nas mamas. No começo, elas são avermelhadas, depois vão ficando arroxeadas e, no fim, tornam-se brancas. É bom lembrar que as estrias também podem se instalar no abdome e nos culotes.

Outra alteração da pele das mamas é o intertrigo, que ocorre nas mulheres com seios muito grandes, os quais estão em contato permanente com o abdome. Mas quando surgem feridas no bico do seio, fora do período da gravidez, deve-se procurar um médico para avaliar a existência ou não de alguma pequena úlcera. Trata-se de um sinal de alerta, especialmente quando ela é unilateral e não fecha, não regride nem tem o aspecto melhorado com o passar do tempo. A causa mais comum de alterações cutâneas nas mamas é alergia de contato. Verifique o tipo de sutiã usado, os cremes, os produtos com corantes que estão sendo aplicados na pele dos seios.

40. O uso de *piercing* ou tatuagem pode prejudicar os seios?
R. O *piercing*, quando colocado no mamilo, pode facilitar a entrada de bactérias e originar um processo inflamatório nos ductos mamários. Em alguns casos esta inflamação pode ser crônica e gerar pequenos abscessos de difícil controle.

A tatuagem, por ser superficial, não interfere na glândula mamária, porém, devido a fragilidade dos tecidos, a retirada de uma tatuagem pode deformar o seio.

41. O que é displasia mamária?
R. É um termo não mais utilizado. Foi substituído por *alterações funcionais benignas das mamas* (AFBM). A mama sofre mensalmente os efeitos do balanço hormonal e este determina uma proliferação inicial e posterior involução. É um fenômeno que promove, a longo prazo, alterações na estrutura mamária, caracterizadas por edema, fibrose e dilatação dos ductos. Estas alterações se manifestam com dor, edema, derrame papilar e/ou nódulos. Esses achados são benignos em 95% dos casos e não significam maior risco para desenvolver o câncer de mama. A AFBM não requer tratamento específico. Melhora com mudanças no estilo de vida — alimentação e exercícios —, uso de vitaminas e, eventualmente, com anticoncepcionais hormonais. Em alguns casos há necessidade de medicação hormonal específica. Mas, na maioria das vezes, o esclarecimento e a orientação reduzem os sintomas.

42. O que é ginecomastia?
R. Ginecomastia é o desenvolvimento do tecido mamário nos homens. A glândula mamária masculina é rudimentar. Fatores como obesidade, distúrbios hormonais, medicamentos (hormônios, tranqüilizantes, anti-hipertensivos) e doenças hepáticas podem levar a um pequeno desenvolvimento que se caracteriza por aumento uni ou bilateral das mamas, dor e mesmo saída de secreção pelo mamilo. Em alguns casos há necessidade de tratamento cirúrgico. A ginecomastia é uma al-

teração benigna e não está, obrigatoriamente, relacionada ao câncer de mama masculino.

43. Quais são as informações básicas que se devem transmitir ao médico, no momento da entrevista?
R. A paciente deve informar se fuma, se ingere álcool (em que quantidade), se faz reposição hormonal, que medicamentos usa, se tem febre e qual o tempo de evolução dos sintomas e sua história reprodutiva: a idade em que teve filhos, como transcorreram seus partos e a amamentação. Também os cremes que usa sobre a pele dos seios, doenças preexistentes, as cirurgias que fez anteriormente e a história familiar em relação a doenças mamárias.

Uma boa idéia é anotar todas as informações para levá-las ao consultório do médico, assim como todas as perguntas que se deseje fazer. Desse modo não haverá risco de esquecimento de alguma pergunta ou de dar informações que podem ser importantes.

44. E como é o exame que o médico fará, depois da entrevista?
R. Após a anamnese — é como se chama a entrevista —, o médico fará um exame clínico. A cliente estará sentada, com o tronco desnudo, e ele fará uma inspeção nas mamas (chamada de inspeção estática) para verificar diferenças entre elas, assimetrias, alterações de contorno, protuberâncias, retrações da pele e eventuais sinais de inflamações. Em seguida é a vez da inspeção dinâmica: a mulher levanta os braços, depois contrai

a musculatura peitoral através de movimentos com as mãos entrelaçadas, e então o médico faz a palpação na parte supraclavicular da mama, à procura de eventuais gânglios. Depois, a palpação da axila até a linha do esterno. A paciente se deita e o médico faz a expressão do bico do seio para verificar se há secreção.

O exame médico deve ser feito de três em três anos nas mulheres entre vinte e 35 anos. De dois em dois anos, na faixa etária entre 35 e quarenta anos. Deve ser anual em mulheres a partir dos quarenta anos. (Ver figuras das páginas 66 e 67)

45. Quais são os exames que, porventura, o médico pode pedir, para auxiliar no diagnóstico?
R. Mamografia, ultra-sonografia e ressonância magnética. Com estes exames é possível localizar lesões e diferenciar as benignas das malignas. Todos esses métodos detectam lesões subclínicas, isto é, aquelas que ainda não são palpáveis.

46. O que é mamografia e qual a sua utilidade no quadro do diagnóstico?
R. É o método mais antigo, datado da década de 1950, quando surgiram os primeiros mamógrafos, usados nos diagnósticos precoces. Até a década de 1980 esteve em desuso porque a dose de radiação era demasiadamente alta e a qualidade da resolução das imagens, precária. No início da década de 1990 apareceram os primeiros mamógrafos de alta resolução, com características mais sofisticadas — doses de radiação bem menores e a qualidade da imagem excelente. Hoje, é um recurso auxiliar de diagnóstico, destinado, de modo geral, às mulheres acima dos quarenta anos,

porque a mamografia mostra um contraste entre a glândula mamária propriamente dita e a gordura da mama. Para as mulheres mais jovens, não tem grande valia, porque elas têm mais tecido glandular do que gorduroso e a radiação perpassa mais facilmente a parte gordurosa. Isto não vale para as mulheres jovens com história familiar de doenças malignas, pertencentes a grupos de risco.

Mulheres com história familiar positiva, parentes em primeiro e segundo graus que tiveram câncer ou hiperplasias (lesões precursoras), aquelas cujos partos foram realizados aos trinta anos ou mais e mulheres sem filhos: nestes casos, a associação com ultra-sonografia e/ou ressonância magnética pode beneficiar.

A mamografia identifica áreas de desarranjo arquitetural na mama e eventuais nódulos e microcalcificações que, embora não sejam sinais de malignidade, em diversos casos são sinais suspeitos — quando se encontram muito próximas umas das outras e são irregulares. Mas a maioria das microcalcificações é benigna.

47. O que é mamografia digital?
R. É uma nova técnica no diagnóstico das lesões mamárias. Ela também utiliza raios X, porém sua imagem é produzida em uma tela de computador. Isto proporciona melhor estudo e aplicação de recursos tecnológicos, como ampliação, supressão de imagens e uso de filtros. Permite também o envio de imagens para outros centros, para estudo e segunda opinião. O exame é mais rápido e confortável para as pacientes. É importante es-

Mamografia

clarecer que a eficácia do método é semelhante ao da mamografia de alta resolução.

48. Que cuidados devem ser tomados antes da mamografia?
R. Nas mulheres que menstruam, as mamas ficam muito sensíveis no período pré-menstrual. Assim, é melhor realizá-la nos dias seguintes a esta fase. É adequado não usar desodorante, talco ou creme nas mamas ou axilas no dia do exame, pois essas substâncias podem deixar resíduos que interferem nos resultados

49. Mesmo com uso de próteses de silicone, é possível fazer mamografia?
R. Nesta situação a glândula mamária está comprimida e se torna mais densa. Isto dificulta, mas não impede a realização da

mamografia. Mamas com próteses são avaliadas de forma diferente, não oferecendo risco de ruptura durante o exame. Para avaliação da integridade da prótese, a ressonância magnética é preferível.

Cirurgias plásticas das mamas, mesmo sem próteses, determinam alterações no tecido mamário que podem dificultar a análise adequada de mamografias. É importante que as cirurgias mamárias sempre sejam relatadas durante as consultas. E deve-se cumprir um programa adequado de seguimento médico.

50. Com qual freqüência deve-se fazer uma mamografia?

R. Recomenda-se fazer a primeira mamografia aos 35 anos. A partir dos quarenta anos, anualmente. As mamografias devem ficar arquivadas para que, na sua visita anual ao médico, ele possa compará-las para verificação de processos que podem ser ou não evolutivos. Leve sempre os exames anteriores para serem comparados com a nova mamografia.

Já as mulheres com fatores de risco devem seguir um programa específico, orientado por um mastologista. Em caso de câncer de mama em parente de primeiro grau (mãe, irmã), recomenda-se a primeira mamografia, pelo menos, dez anos antes da idade em que a parente desenvolveu a doença. Se ela desenvolveu aos 35, você deve iniciar aos 25 anos.

É bom lembrar que não é confortável submeter-se a uma mamografia, porque a mama deverá ser espraiada e comprimida para que as imagens das suas quatro chapas, duas de cada seio, não fiquem distorcidas. Mas é um incômodo rápido e que pode beneficiar definitivamente sua vida.

Recomendações para prevenção e diagnóstico precoce das doenças das mamas			
Faixa etária	Auto-exame	Exame médico	Mamografia
20-35	mensal	3 em 3 anos	orientação médica
35-40	mensal	2 em 2 anos	orientação médica
acima de 40	mensal	anual	anual

51. Onde devem ser feitas as mamografias?
R. Em clínicas capazes de fornecer uma boa qualidade de imagem, de preferência aquelas que participam de programas de controle de qualidade orientados pelo Colégio Brasileiro de Radiologia (CBR) e pelo Instituto de Radioproteção e Dosimetria do Conselho Nacional de Energia Nuclear (IRD/CNEN).

52. Para que serve a ultra-sonografia?
R. Este método de imagem complementar à mamografia em geral é indicado no exame de mamas muito densas, podendo ser usado em mulheres grávidas, ao contrário da mamografia. É um método de imagem complementar a ela, embora não a substitua. A ultra-sonografia pode obter a diferenciação entre os cistos e os nódulos sólidos, pode localizar lesões não-palpáveis e serve ainda de guia para a colocação de agulha para punção e fios metálicos ou substâncias radiativas que irão ajudar na retirada cirúrgica da lesão. Ela é obtida em aparelhos que transmitem ondas sonoras numa freqüência inaudível ao ouvido humano, que ultrapassam os tecidos e retornam sob a forma de imagem. Atualmente, existem novos recursos: a ultra-sonografia com imagem tridimensional (USG 3D) e a Doppler fluxometria. Eles

podem ajudar na avaliação de nódulos mamários, sugerindo sua natureza (benigna ou maligna) através de sua forma, contorno e vascularização.

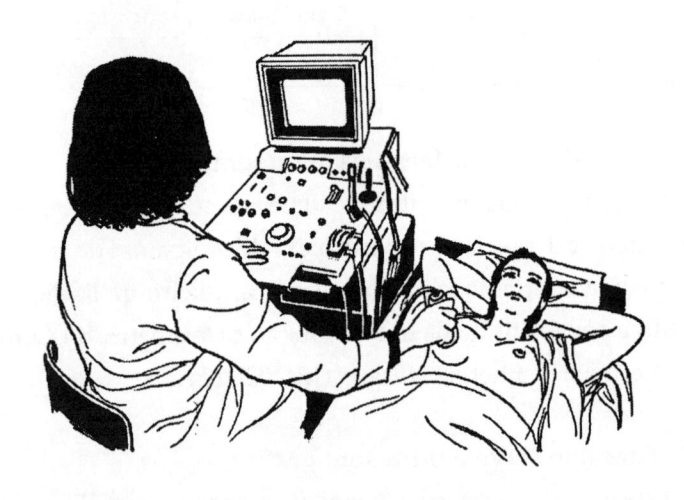

Ultra-sonografia mamária

53. E o que é ressonância magnética?
R. É uma radiação magnética captada pelas células, de diversas formas, para então se formarem as imagens. Nela, não há emprego de raios X. É utilizada em certas situações em que nem a mamografia nem a ultra-sonografia são conclusivas para o diagnóstico. A ressonância é mais usada nas mulheres que já tiveram suas mamas operadas e tratadas e para aquelas que usam próteses. Atualmente, é o método de escolha para mulheres jovens de alto risco, que necessitam iniciar precocemente seu rastreio diagnóstico.

O exame para avaliação exclusiva da integridade das próteses é feito sem contraste magnético, porém, nos casos de rastreamento de lesões mamárias, se utiliza o gadolínio.

Pacientes portadoras de clipes metálicos no corpo devem informar ao centro diagnóstico, pois isto poderá ser uma contraindicação ao exame, assim como a gravidez.

54. Há outros exames complementares que o médico mastologista pode pedir?

R. Há sim. Quando aparecem alterações mamárias suspeitas, é necessário esclarecer a origem destas lesões. Atualmente, dá-se preferência a um método de punção por agulha, geralmente guiado por mamografia ou ultra-sonografia. A punção por agulha fina é praticada há vinte anos. É feita por meio de sistema de vácuo, com uma agulha fina instalada na seringa. Retiram-se algumas células do nódulo ou líquido do cisto. É um exame indolor, que se faz sem necessidade de anestesia. A pequena quantidade de material obtido é um fator decisivo que limita sua eficácia. Em geral, há necessidade de confirmação histopatológica de um fragmento mamário. Outro exame é a core-biópsia, indicado em lesões palpáveis e não-palpáveis. A agulha, mais grossa, entra no tumor e, mediante um sistema de disparo de molas, retira maior quantidade de células que serão submetidas a exame anatomopatológico. Nas lesões não-palpáveis, a mamografia ou a ultra-sonografia guia o uso da agulha.

Já a mamotomia é uma punção por agulha a vácuo que retira mais fragmentos do que a core-biópsia. É um procedimento ambulatorial, que pode ser realizado com anestesia local e é bem tolerado pelas pacientes.

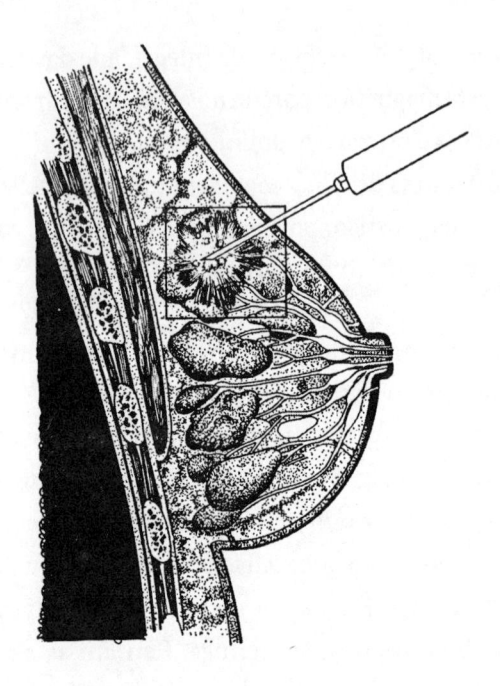

Punção — biópsia por agulha

55. Quando fazer a biópsia cirúrgica?

R. Há casos em que a punção por agulha foi inconclusiva ou, tecnicamente, não é possível. Nessas situações, é necessário fazer a biópsia cirúrgica. A estereotaxia é utilizada nos casos de lesões não-palpáveis. É feita através de um sistema de computação: um fio colocado dentro da pele (que pode ser guiado por mamografia ou por ultra-sonografia) vai até a lesão, orientando a localização da área comprometida. A agulha pode ser deixada no local para orientação peroperatória do cirurgião ou então é injetado um contraste radioativo que localizará a área durante a cirurgia. Esta moderna técnica denomina-se ROLL (localização radioguiada de lesões ocultas) e traz facilidades para os pacientes e a equipe cirúrgica.

E, por fim, a biópsia a céu aberto, em que se faz uma incisão na área onde o tumor está situado, removendo-o total ou parcialmente. Em seguida, o material é encaminhado para exame microscópico.

Durante a cirurgia, o nódulo pode ser examinado pelo método de congelação, por um patologista experiente. Ou então, após a cirurgia, pelo método de fixação em parafina. O segundo é mais demorado — o resultado é obtido após três dias —, mas, em compensação, é mais seguro.

É importante sublinhar que, em mastologia, o diagnóstico se faz de acordo com um tripé: impressão clínica, imagem e diagnóstico histológico. Apenas um médico especialista com experiência no diagnóstico de lesões mamárias deve analisar as demais informações para, então, poder traçar uma conduta terapêutica adequada.

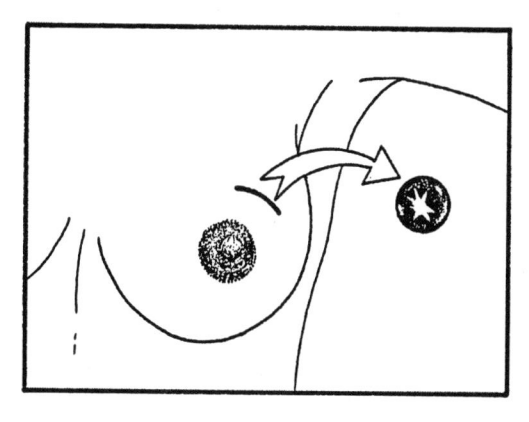

Cirurgia para retirada de tumor mamário

IV.
Câncer de mama (prevenção e doença)

O câncer de mama é uma moléstia que alcançou notável importância nas últimas décadas. Por causa de seu alto índice de incidência, não só no Brasil como também nos países do Ocidente, em geral, é motivo de séria atenção por parte das políticas públicas de saúde dos diversos governos, das pesquisas que se fazem no mundo todo e, é claro, motivo de preocupação por parte das mulheres de todas as idades.

Nas duas décadas mais recentes, o aumento da incidência de câncer de mama tem sido espantoso e transforma a doença em um problema de saúde pública.

No Brasil, já ultrapassou o número de casos de câncer de colo de útero, que era o mais freqüente, principalmente nas regiões mais pobres do país — Norte, Nordeste e Centro-Oeste. O câncer de colo de útero é chamado de "o câncer da pobreza", o resultado da carência de recursos e de tratamento. Hoje, no entanto, o câncer de mama disparou, na frente, em todo o país.

Já está constatado que o número de casos é maior numa proporção inversa à da melhoria das condições socioeconômicas. Ou seja, quanto mais elevado o seu nível social e econômico, quanto mais alto o seu padrão de vida, mais a mulher se encontra exposta aos riscos de contrair câncer de mama.

Do ponto de vista das estatísticas, trata-se de uma doença das classes mais abastadas, como ocorre com a hipertensão, a diabetes e a obesidade. Estima-se, desta forma, que no ano de 2002 tenham surgido, no Brasil, nada mais nada menos que 36 mil novos casos, com aproximadamente 8 mil óbitos.

O pico da incidência do câncer de mama está na quinta e na sexta décadas de vida — entre os quarenta e os sessenta anos — e em mulheres produtivas, inseridas no mercado de trabalho e com uma participação social expressiva.

Mas o câncer de mama não é doença própria de mulher idosa. E é por isto que o seu impacto é mais forte ainda.

56. Como começa o câncer de mama?
R. O princípio da neoplasia se dá quando o organismo parece perder a vigilância imunológica. O câncer de mama invade as estruturas próximas e a célula doente adquire determinado volume, uma certa massa.

É bom observar que as doenças benignas da mama, em geral, não acarretam um risco maior de câncer no seio. Desde o seu início, as lesões são benignas ou malignas e é muito restrita a possibilidade de transformação de um estado em outro. Uma lesão maligna, no entanto, pode mascarar uma outra, benigna.

Deste modo, os riscos de câncer de mama não existem em 95% das mulheres com alterações funcionais benignas da mama. E apenas 5% delas estão associadas a lesões precursoras atípicas, que devem ser adequadamente tratadas.

Para combater essa doença que tanto aflige as mulheres, a sociedade civil já entrou na luta: empresas, grupos de organizações não-governamentais (ONGs) e associações sem fins lucrativos, além de órgãos oficiais, se alinham numa série de ações, algumas periódicas, outras contínuas, promovendo eventos e lançando campanhas. Dentre elas, uma das mais conhecidas, em todo o país, é "O alvo da moda", que tem como objetivo informar, esclarecer e reunir recursos para o prosseguimento da luta contra essa espécie de câncer.

A empresa Avon promove uma campanha internacional, "Um beijo pela vida", na qual são realizadas campanhas secundárias de prevenção e apoio a projetos assistenciais, para estimular a participação da sociedade civil na causa do câncer de mama.

57. O que causa o câncer de mama? É uma doença localizada? É genética? É hereditária?

R. Câncer ou cancro é uma palavra grega que significa caranguejo. Os tumores infiltrativos com desenhos semelhantes ao de um caranguejo são chamados de câncer, ou seja, a multiplicação desordenada de células que perdem o controle sobre seu crescimento e passam a não respeitar as estruturas dos tecidos vizinhos. Deste modo, quando o padrão de crescimento das células se altera surge a doença, neoplasia maligna ou câncer.

Quando as células malignas entram na circulação, nas veias e nas artérias, ou quando penetram nos vasos linfáticos, o câncer se instala à distância e se desenvolve em outros órgãos.

O câncer é causado por genes e por fatores ambientais que atuam em conjunto. Uma pessoa pode nascer com uma ou mais mutações genéticas que aumentem seu risco para câncer de mama, mas fatores ambientais também atuarão para seu desenvolvimento. O câncer hereditário, que se caracteriza pela transmissão familiar destas mutações, corresponde a 5 a 10% do total de tumores na mama e pode ser transmitido aos descendentes.

Em homem é bastante incomum. Aproximadamente 1% do total dos casos de câncer de mama ocorre em homens, e, justamente por ser uma raridade, é diagnosticado em fases mais avançadas.

Ducto mamário normal

Ducto com proliferação de células atípicas

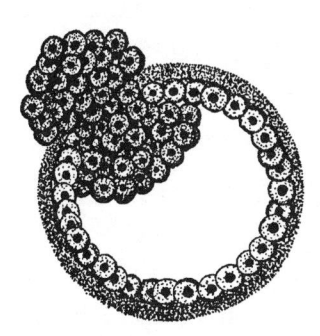

Células neoplásicas com invasão

História natural do câncer

58. Quando o câncer de mama se desencadeia? Por que só atinge determinadas mulheres?

R. O crescimento desordenado das células se desencadeia quando um par de mutações ocorre nos genes. O BRCA 1 é uma dessas mutações de genes, identificada no cromossomo 17 do organismo humano. O BRCA 2 é outra mutação, encontrada no cromossomo 13. Mulheres pertencentes a famílias que possuem esses genes têm 60 a 80% de chances de contrair a doença. Mas a maioria das mulheres com câncer de mama não possui esse gene.

Um conjunto de fatores determina a moléstia: a predisposição genética e o estilo de vida da mulher. O equilíbrio entre predisposição e outros fatores induzem, favorecem ou promovem o câncer de mama. Por exemplo: a tensão e a ansiedade na vida pessoal e profissional; o modo como a mulher administra seus problemas e dificuldades; sua história reprodutiva — quantos filhos tem? com qual idade teve filhos?; seus hábitos alimentares e as radiações a que porventura se submeteu. E a questão genética: uma avó pode passar um gene sujeito a mutação ao filho, que o transmite à neta e assim por diante. Quando se trata de uma herança materna e paterna, o câncer é mais agressivo e surge mais cedo. Quando ocorre na pré-menopausa e bilateral — nos dois seios —, pode caracterizar um componente genético familiar.

Quando o câncer de mama ocorre antes dos trinta anos, provavelmente sua causa é genética. Nas famílias com uma história positiva e forte de câncer na mama — e, algumas vezes, de câncer nos ovários —, um teste genético pode ajudar a determinar a causa.

Para quem teve câncer de mama na família — mãe, irmã ou filha —, o risco é, aproximadamente, duas vezes maior.

59. Existem testes genéticos para avaliar o risco de ter câncer de mama?

R. Alguns genes relacionados ao câncer de mama já foram identificados. O exame genético pesquisa a presença de mutações destes genes em uma amostra do sangue ou outro tecido. Informações sobre eles podem ajudar o médico especialista a prever o risco de desenvolver o câncer e a estabelecer um programa de vigilância adequado.

A decisão de fazer um teste genético é complicada e deve ser orientada por um especialista em genética para ser feito um aconselhamento adequado. É preferível que o teste seja feito inicialmente no membro da família afetado pela doença e, caso a mutação seja identificada, procurar nos outros familiares.

Os testes genéticos são mais úteis para os seguintes grupos: mulher com câncer de mama diagnosticado antes dos cinqüenta anos ou bilateral; mulheres que tenham tido pelo menos dois parentes próximos com câncer de mama e/ou ovário, um deles diagnosticado antes dos cinqüenta anos — parentes próximos são irmãs, mãe, filhas, avós ou tias; homem com câncer de mama.

60. Qual a influência dos hormônios no aparecimento do câncer de mama?

R. Os esteróides, hormônios sexuais femininos, estão relacionados à promoção do câncer de mama. É provável que sejam fatores de aceleração e ajudem o crescimento desordenado das células. Durante a vida reprodutiva da mulher, aparece com maior freqüência, mas os riscos aumentam à medida que a mulher se torna mais idosa. Há risco também maior entre as mulheres que têm a menarca (primeira menstruação) precoce — antes dos 12 anos — ou tardia — após os 55 —, porque sua vida reprodutiva é maior e sua mama está exposta, durante mais tempo, às oscilações dos ciclos hormonais. (Em especial se a mulher não teve filhos, ou se foram poucos os partos e a sua mama foi "bombardeada", ou seja, particularmente mais estimulada pela subida e descida do nível de hormônios.) Isto favorece um quadro de proliferação maior.

Mulheres que tiveram os ovários retirados têm uma chance bem pequena de desenvolver o câncer de mama, porque o "bombardeio" hormonal não ocorre mais.

61. Os anticoncepcionais propiciam o câncer de mama?

R. Embora sejam combinações de hormônios sexuais que podem ser administrados por via oral ou injetável, ao que parece os anticoncepcionais não aumentam, de forma significativa (mas também não protegem), o risco de desenvolvimento de câncer de mama. Isto, apesar de a incidência da moléstia ter aumentado, nas últimas décadas, simultaneamente ao maior uso de anticoncepcionais. Adolescente de maior risco, contudo, com história familiar positiva, não é uma boa candidata a usar a pílula anticoncepcional até completar no mínimo 18 anos, quando sua mama estará formada.

62. A terapia de reposição hormonal pode provocar o desenvolvimento do câncer de mama?

R. Os estudos mais avançados sobre TRH mostram que ela é extremamente desejável. Traz benefícios para a mulher do ponto de vista emocional, para sua qualidade de vida, para sua saúde e, portanto, para sua beleza. Do ponto de vista cardiovascular, também, ela é positiva, especialmente para mulheres na pós-menopausa que continuam recebendo doses de estrogênio. Há benefícios para a mama quando a mulher usa apenas o estrogênio, porque é o progesterona que promove maior proliferação. Nas mulheres que conservam o útero, obrigatoriamente são usados os dois hormônios. Naquelas que não têm este órgão, o estrogênio isolado pode ser usado com toda a segurança. Mas atenção: o uso contínuo e prolongado (acima de cinco anos) da TRH determina um pequeno aumento do risco de desenvolvimento do câncer de mama e de útero. Nesses casos, a mulher deve seguir um programa de avaliação clínica periódica, de mamografia e ultra-sonografia pélvica.

Em resumo: os conhecimentos científicos atuais evidenciam que os benefícios da TRH superam eventuais riscos. Mas as mulheres que já tiveram câncer de mama, as que pertencem a grupos de risco e aquelas com lesões precursoras pré-malignas não devem fazê-la.

Os fitoestrogênios são substâncias novas e ainda não há resultados, a longo prazo, sobre seus efeitos sobre as mamas. Os estudos preliminares sugerem que não aumentam o risco de câncer de mama.

O raloxifeno (Evista®) é uma substância que bloqueia os receptores hormonais nas mamas (antagonista) e os estimula nos ossos (agonista). Assim, sua principal indicação é a prevenção e o tratamento da osteoporose, mas tem como efeito secundário a redução do risco de câncer em até 70%. Este efeito permite que ele seja empregado na quimioprevenção, ou seja, como redutor do risco de desenvolvimento do câncer de mama.

63. Como se comporta o tumor e quanto tempo leva para se manifestar?

R. Precisamente ainda não se sabe em quanto tempo a célula normal se transforma em célula maligna ou neoplásica. Mas estima-se que mais ou menos nove anos se passem entre o aparecimento da primeira célula maligna e a existência de um tumor de 1 centímetro — é quando começa a haver uma possível disseminação. Logo no seu início, a célula assume uma forma não-invasiva. Ela é restrita, localizada, e ainda é uma lesão intraductal (ou *in situ*). Depois, começa a invadir tecidos e a corrente sangüínea e a ser infiltrante, migrando especialmente para os gânglios da axila. Com facilidade ela se instala nos vasos linfáticos, embora também se implante facilmente nos ossos, no fígado e no pulmão, nesta ordem. Teoricamente, as células neoplásicas podem se manifestar em qualquer outro local do organismo.

A virulência e a maior ou menor velocidade de desenvolvimento do tumor dependerão da sua agressividade e da capacidade de defesa do organismo, que pode até aumentar, através de um tratamento psicoterápico.

64. Em que se baseia o diagnóstico de câncer de mama?

R. Em três procedimentos: o primeiro, diagnóstico clínico, com exame de palpação em que o médico pode sentir se a lesão é sólida, dura, pouco móvel e parcialmente aderida aos planos profundos ou à pele, estando associada a gânglios aumentados no prolongamento axilar. No caso de lesão maior, pode se apresentar ulcerada, com secreções sanguinolentas ou transparentes ("água de rocha") ou sob a forma de severas inflamações.

O segundo é o diagnóstico por imagem, quando na mamografia a lesão aparece bem definida, com uma densidade maior que o restante do tecido. Pode estar associada a microcalcificações ou pode ter contornos pouco nítidos. São lesões especuladas, com um centro bem denso. A ultra-sonografia e a ressonância magnética mostrarão uma lesão sólida e com contornos não muito definidos. (A sensibilidade dessas imagens é de 90%.) O terceiro passo é o exame cito ou histopatológico, que confirmará o diagnóstico. Sem estes resultados não é possível planejar o tratamento.

Após o diagnóstico de câncer de mama é fundamental rastrear a possibilidade de metástase na parte óssea (cintilografia), no fígado (ultra-som hepático) e no pulmão (raios X de tórax). Marcadores tumorais sangüíneos como o CA15-3 são úteis também para o acompanhamento da paciente após o tratamento.

65. Como é o tratamento para o câncer de mama?
R. É um tratamento multidisciplinar, coordenado pelo médico mastologista e cirurgião, que atua como o maestro de uma equipe da qual participam oncologista, radioterapeuta, psicólogo, patologista e fisioterapeuta. A partir do diagnóstico, e se o tumor maligno medir mais de 1 centímetro, a tendência moderna é associar ao tratamento local (cirurgia e radioterapia) o tratamento sistêmico (quimioterapia ou hormonioterapia). A mulher será classificada pelo estadiamento, ou seja, pela fase da doença em que se encontra. (Estádio I, tumor até 2 centímetros; estádio II, entre 2 e 5 centímetros; estádio III com tumor com mais de 5 centímetros, e, estádio IV, quando a doença está instalada também em outros órgãos.) O tratamento a ser desenvolvido vai depender da classificação do estádio, da extensão da doença e de suas características. Atualmente, as cirurgias para extração de tumor maligno na mama têm um impacto muito menor do que antigamente. No caso de mastectomia, há chance de preservar o músculo grande peitoral.

A partir da década de 1970, chegou-se à conclusão de que o fator determinante da evolução da doença não é apenas o comprometimento da área localizada, mas, sobretudo, a existência ou não de metástases. Isto quer dizer que, mesmo com um diagnóstico precoce, se o tumor apresentou metástase, a realização da cirurgia não trará benefícios na sobrevida global. O conceito de que, ainda numa fase inicial, a doença pode progredir exige, hoje, uma abordagem mais sistêmica. O tratamento local, assim, passou a não ser o mais importante, mas sim a utilização de medicamentos (quimio e hormonioterapia). A cirurgia e a radioterapia ficaram mais restritas, já que, basicamente, ambas são indicadas para controle local da doença.

Depois de terminados todos os tratamentos, o seguimento adequado será conduzido pelo mastologista, com consultas semestrais nas quais são feitos exames clínicos. Outros exames periódicos eventualmente serão solicitados pelo médico e a mamografia será anual.

66. Como é a cirurgia do câncer de mama?
R. São três tipos de cirurgia:
1) mastectomia radical, que preserva ou não a musculatura do grande peitoral, porém retira todo o tecido mamário e linfonodos axilares. É indicada em mamas muito pequenas nas quais o tumor mede mais de 5 centímetros, para as mulheres grávidas e no caso da existência de tumores múltiplos em diversos quadrantes do seio;
2) cirurgia radical com reconstrução imediata por meio das próteses de silicone ou de poliuretano, precedidas ou não do implante de expansores, ou realizada com retalhos da pele do dorso ou do abdome;
3) cirurgia conservadora, sempre que há uma boa margem de segurança. Nela, uma parte da mama é retirada e se procede à

ressecção da axila, uma prática importante porque são retirados gânglios para avaliação em laboratório do seu possível comprometimento — seu resultado prediz o comportamento da doença. Se a paciente tiver a axila livre (negativa), sem qualquer gânglio contaminado, terá uma chance de 80% de cura.

O tratamento cirúrgico do câncer de mama requer uma equipe especializada e multidisciplinar. É importante que o mastologista, o cirurgião plástico e o oncologista discutam o caso antes e definam a melhor estratégia de tratamento.

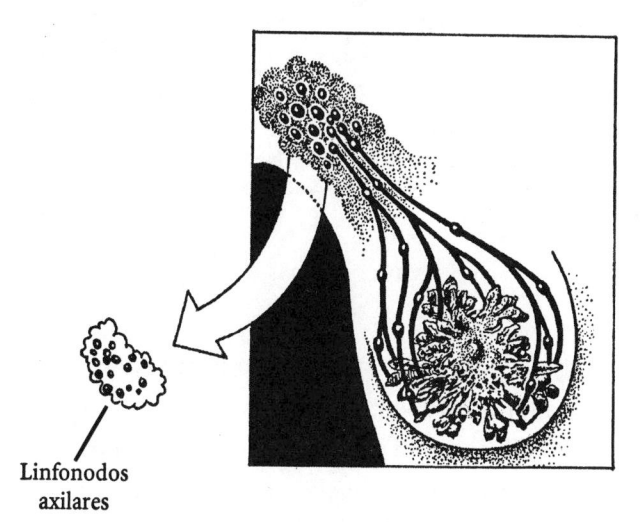

Linfonodos axilares

Mama e drenagem linfática

67. Quais são os cuidados no pós-operatório?

R. Depois da cirurgia, utiliza-se um dreno de aspiração a vácuo para evitar retenções de líquidos e favorecer a cicatrização. Consulte também o seu médico a respeito do uso de cremes e óleos para uma cicatrização melhor e mais rápida, e sobre a volta aos

Ressecção do tumor com dissecção axilar

Ressecção de segmento mamário e dissecção axilar

Mastectomia simples

Mastectomia radical

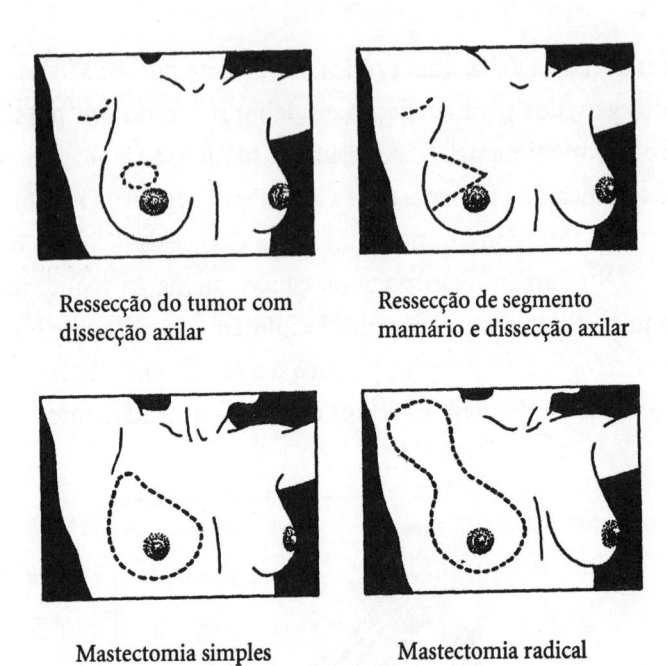

Técnicas cirúrgicas

exercícios físicos. Pergunte se massagens são bem-vindas. Peça a ele para indicar um fisioterapeuta.

O que não se deve fazer, no pós-operatório: forçar movimentos do braço e do antebraço; carregar peso; empurrar carrinho de supermercado; tomar injeções no braço operado nem colher sangue para exames ou medir pressão arterial e receber soro desse lado. Devem-se evitar queimaduras, picadas de insetos, arranhões e ferimentos no braço operado e cortar as cutículas das unhas da mão desse lado. Também não se deve usar relógios ou pulseiras apertados nem se expor excessivamente ao sol. No caso de arranhão ou ferida, o local deve ser bem lavado com água e sabão de coco durante cinco minutos. Depois, aplicar um pouco de álcool iodado. Se a ferida, queimadura ou inchaço for maior, procure seu médico imediatamente.

Faça exercícios apropriados para o braço e o ombro com regularidade (veja o fisioterapeuta), use barbeador elétrico ou tesoura para remoção dos pêlos axilares; use creme hidratante e nutritivo no braço operado; use luvas de borracha na cozinha e na jardinagem e acolchoadas quando manusear o forno. Use dedal quando costurar.

Natação e hidroginástica serão bem-vindas.

68. O que é linfonodo ou gânglio linfático sentinela?
R. Em tumores iniciais em que a axila em geral não está comprometida, atualmente se faz a análise do linfonodo mais próximo do

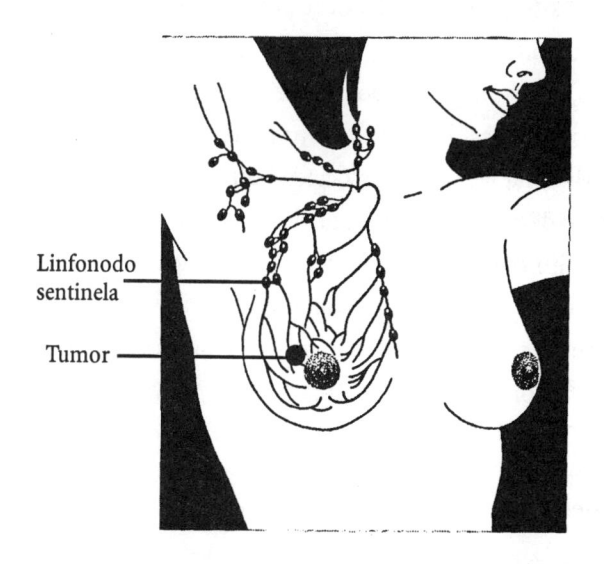

Pesquisa do linfonodo sentinela

tumor — chamado de linfonodo sentinela. Caso ele esteja livre da doença, provavelmente os outros gânglios axilares também estarão. Momentos antes da cirurgia, injeta-se um corante e/ou uma substância radioativa que permitirá a localização deste primeiro linfonodo de drenagem da mama. Este gânglio é examinado pelo patologista e, caso esteja livre de neoplasia, dispensa-se a dissecação dos outros gânglios axilares.

69. O que é a radioterapia e em quais casos deve ser utilizada?

R. Radioterapia é a utilização de fontes externas de irradiação para destruir células neoplásicas. Está indicada nos casos de cirurgia conservadora das mamas (irradia-se a mama residual) e em casos de metástases ósseas. É utilizada também após a mastectomia nos casos de tumores de grandes dimensões ou quando os gânglios da axila estão comprometidos. As aplicações são diárias, rápidas (de um a cinco minutos), duram aproximadamente de 25 a 35 dias úteis consecutivos, e são iniciadas, de modo geral, um mês após a paciente ser operada. A radioterapia pode ser associada à quimio ou à hormonioterapia. Cada caso determinará o período das aplicações, se antes, durante ou após a quimioterapia — os médicos envolvidos no tratamento decidirão. Mas, em geral, a radioterapia se segue à quimioterapia.

A radiação age sobre a mama, mas as áreas vizinhas ficam protegidas. O computador demarca a área a ser atingida, que é delimitada com tinta especial púrpura, adesivos autocolantes ou pontos tatuados na pele. É importante a permanência dessas marcas para que no fim do tratamento o local irradiado tenha sido o mesmo, todos os dias, e a dose de aplicação tenha sido a prevista inicialmente.

CÂNCER DE MAMA (PREVENÇÃO E DOENÇA) | 101

Radioterapia

70. Quais os efeitos colaterais da radioterapia e os cuidados para evitá-los?
R. Os eventuais efeitos colaterais são locais. Deve-se evitar o uso de cremes, loções, desodorantes, álcool e talco sobre a área a ser irradiada, antes de cada aplicação. Após as aplicações, podem ser usados cremes específicos para minimizar os efeitos da radiação no local. No fim do tratamento, deve ser usado um creme hidratante na área tratada. Quase sempre o efeito colateral é uma hiperpigmentação da pele, que ficará com aparência de bronzeada e irritada — como se fossem brotoejas resultantes de excesso de sol. Depois de dois meses esses efeitos diminuem e vão desaparecendo. Se, por acaso, houver descamação intensa da pele no local irradiado, as aplicações podem até se interromper. Algum tempo depois serão retomadas.

Quando a axila também é submetida à radiação, a chance de surgirem edemas no braço correspondente é maior — o que não chega a ser uma contra-indicação e sim motivo para serem observados cuidados maiores.

Após o tratamento, a pele da região submetida à radiação deve ser mantida em observação constante. Além de ficar um pouco mais fina, nela podem surgir fibroses, microvarizes ou um pouco de descamação. Pode-se caminhar ao sol, por exemplo, durante o tempo em que durarem as aplicações, mas sempre com a área protegida por vestimenta. A alimentação não será alterada. A área só deve ser exposta diretamente ao sol após três meses e protegida por bloqueador solar. Qualquer alteração cutânea, durante ou depois do tratamento, deve ser informada imediatamente ao médico.

71. O que é quimioterapia e em que casos é indicada?
R. A quimioterapia é a utilização de drogas antineoplásicas. Estas substâncias têm maior afinidade por células que estejam em permanente proliferação, como é o caso das células malignas. A toxicidade gerada no organismo é conseqüência de tecidos normais que também sofrem esses efeitos, como a medula óssea, sistema digestivo, ovários e couro cabeludo. A quimioterapia pode ser um tratamento adjuvante (ou seja, preventivo) quando utilizada em mulheres que não têm metástase mas são de alto risco e podem apresentar micrometástases não detectáveis, mesmo que a axila tenha se mostrado negativa — ou seja, os gânglios não foram contaminados. A decisão de indicar esta terapia dependerá de uma análise conjunta dos fatores prognósticos, que incluem o tamanho do tumor, linfonodos axilares, tipo histológico, grau de diferenciação, receptores hormonais e oncogenes.

Há um tipo de quimioterapia chamada de primária ou neoadjuvante, feita antes de a mulher ser operada. Tem como objetivo a diminuição do tumor e possibilita uma cirurgia posterior, em alguns casos até conservadora. Numa lesão que se mostre não-operável, ela pode surtir grandes efeitos porque o tumor regride após alguns ciclos do tratamento e permite a operação. Outro tipo de quimioterapia é paliativo, usado quando há metástase. A sua finalidade é aliviar dores e proporcionar melhor qualidade de vida.

72. Como é aplicada a quimioterapia?
R. Os medicamentos quimioterápicos são aplicados em ciclos, com intervalos de três a quatro semanas para que as células sadias do organismo, que também são afetadas — em especial as da medula óssea e do aparelho digestivo —, possam se recuperar. Em casos selecionados, a quimioterapia poderá ser feita semanalmente. Em geral as medicações são administradas por via endovenosa associadas a soro fisiológico para hidratação e limpeza das veias periféricas. Em alguns casos é indicada a implantação de cateteres para infusão das drogas em veias centrais e para diminuir o risco de flebites. A duração do tratamento dependerá da indicação. Na terapia adjuvante e na pré-operatória, dura em média seis meses. Nos casos de doença metastática (tratamento paliativo), tende a ser longa, podendo mudar os medicamentos de acordo com a resposta e evolução da doença.

O tratamento oncológico deve ser orientado por um especialista em oncologia clínica, pois se trata de terapêutica tóxica, que demanda uma vigilância adequada. É importante que o preparo e a aplicação dos medicamentos sejam feitos por enfermeiras bem treinadas.

Quimioterapia

73. Quais os efeitos colaterais da quimioterapia e o que se pode fazer em relação à perda de cabelos?

R. Hoje já existem drogas que, associadas aos quimioterápicos, reduzem consideravelmente sua toxicidade e atenuam os desconfortáveis efeitos colaterais — náuseas, vômitos e alopecia (queda de cabelos). Quando a mulher tem um estado geral de saúde satisfatório, suporta melhor o tratamento.

Para controlar os distúrbios gástricos, aconselhamos a ingestão de muitos sucos de frutas, mais leves que a fruta propriamente dita — tomados sempre gelados e quando se acaba de fazê-los —, e água-de-coco também gelada. A temperatura bem fria faz com que o esvaziamento gástrico seja mais rápido. Evitar refrigerantes, água mineral com gás, frituras e gorduras.

Mas é importante observar que, durante o tratamento, a mulher pode e deve dar andamento, na medida do possível, a sua atividade profissional, e continuar a manter relações sociais e sexuais. A queda de cabelos e as náuseas são temporárias.

Nos casos de queda total dos cabelos (alopecia), temporariamente pode-se usar uma peruca ou então um sistema de colocação fixa de cabelos. Nessa técnica, cabelos naturais, de qualquer coloração, são implantados fio a fio, numa espécie de segunda pele, que adere ao couro cabeludo e ali pode ficar durante um ano, sem ser retirada. Podem-se lavar os cabelos, ir à praia e, apenas de 15 em 15 dias, em casa ou no estúdio, faz-se um acerto nas fitas transparentes que sustentam a "segunda pele" ao couro cabeludo.

O mais importante, no entanto, é que a paciente deve pensar, sempre, que em breve estará vivendo uma vida inteiramente normalizada.

74. Qual é a alimentação mais adequada durante a fase de quimioterapia? E depois dela?

R. Deve-se procurar ingerir vitaminas C, A, D e E. Também betacaroteno, selênio, zinco, cálcio e magnésio durante o tratamento. Além do azeite de oliva (sempre), tomates cozidos no vapor (liberam licopeno) e repolho (ajuda a eliminar o excesso de estrogênio).

Deve-se também evitar qualquer alimento ou bebida contendo aspartame (a 38ºC pode se converter em metanol, extremamente cancerígeno). E sempre muitas folhas verdes, couve-flor, couve-de-bruxelas, brócolis e feijão — todos orgânicos, sem agrotóxicos.

Não há inconveniente no consumo de alimentos *diet* ou *light* desde que não contenham gorduras hidrogenadas (margarinas). O álcool pode ser consumido moderadamente. Um cálice de vinho por dia pode ser muito saudável.

O frango comum, comprado em supermercados e consumido em restaurantes, contém uma quantidade brutal de hormônios e antibióticos, é extremamente cancerígeno e, portanto, aumenta o risco do câncer de mama. O frango caipira ou orgânico, hoje encontrado em diversos mercados, é o indicado para consumo seguro. Ele é alimentado com rações sem hormônios nem antibióticos.

75. E o que é a hormonioterapia e quando é indicada?

R. Geralmente para mulheres na pós-menopausa, cujo tumor é de crescimento mais lento. A hormonioterapia é indicada quando se faz a dosagem dos receptores hormonais e se observa que o tumor é hormônio-dependente, isto é, pode responder a este tratamento. A droga mais usada, neste caso, é o tamoxifeno, um antiestrogênio que impede o estrogênio de agir sobre a célula maligna. Age como um anteparo, como se fosse um escudo, e reduz, assim, o tamanho do tumor. Os seus riscos se apresentam nas pacientes mais predispostas aos fenômenos circulatórios (eventuais tromboses). Também acentua os sintomas da menopausa (calores e fogachos) e pode agir sobre o útero, com risco de câncer do endométrio, em particular se o uso é prolongado. Há drogas que podem ser complementares ao tamoxifeno — são os inibidores da enzima aromatase e os progesteronas.

Outro recurso para bloquear os hormônios que agem sobre a mama é a retirada dos ovários nas mulheres na pré-menopausa. Estas pacientes também são candidatas ao uso de análogos de RH, injeções subcutâneas aplicadas mensalmente, que levam ao bloqueio da função ovariana.

A exemplo da quimioterapia, a hormonioterapia pode ser empregada na forma adjuvante, pré-operatória ou na doença metastática. Geralmente é bem tolerada e, nos casos hormônio-responsivos (rica em receptores hormonais), são as drogas de escolha. Não deve ser aplicada simultaneamente à quimioterapia. O tratamento hormonal geralmente é feito a longo prazo e a recomendação adjuvante é de cinco anos.

A hormonioterapia também pode ser empregada na quimioprevenção do câncer, ou seja, administrado em mulheres de maior risco diminui a chance de desenvolvimento da doença. A FDA (órgão regulatório norte-americano) recomenda o emprego de tamoxifeno em mulheres de maior risco. Estudos demonstraram que elas tiveram o risco reduzido em 50%. O raloxifeno também vem sendo testado com esta finalidade.

76. Os ovários funcionarão após a quimioterapia?
R. Em mulheres na pré-menopausa, a quimioterapia pode lesar os ovários e levar a uma insuficiência prematura, promovendo uma menopausa precoce. Quanto mais jovem a paciente, maior a chance de recuperação e retorno da função dos ovários. Este restabelecimento da função pode demorar alguns meses. Alguns medicamentos vêm sendo empregados associados à quimioterapia com a finalidade de proteger os ovários em mulheres jovens que desejem preservar a fertilidade. Alguns trabalhos promissores têm sido feitos com análogos do RH e anticoncepcionais orais. Ambos objetivam manter os ovários em repouso, que assim ficam menos

suscetíveis aos efeitos tóxicos dos quimioterápicos. Mulheres que engravidam após o uso deles tendem a ter gestações normais e seus filhos não têm maior risco de doenças ou malformações.

77. Quais são os exercícios indicados no pós-operatório dos casos de mastectomia ou retirada de parte das mamas com esvaziamento das axilas? Qual a freqüência deles?

R. Os exercícios devem ser iniciados o mais breve possível, no primeiro dia após a cirurgia. Todos os exercícios são válidos desde que feitos lentamente e sem sobrecarga. Nas duas primeiras semanas, não devem ultrapassar a altura dos ombros (90 graus) a fim de evitar complicações nas cicatrizes (seroma e deiscência). Pode-se criar o hábito de fazê-los pela manhã, ao acordar, e à noite, antes de dormir. Durante o dia, os braços devem ser usados em atividades como pentear os cabelos, lavar o rosto, vestir-se, apanhar objetos, e assim os exercícios serão feitos continuadamente. E, o que é mais importante, a mulher estará se sentindo independente nas suas atividades cotidianas. Os movimentos com o braço devem ser lentos, sem provocar cansaço nem dor. Por outro lado, não movimentar o braço poderá ocasionar dor, limitação articular do ombro, retrações, linfedema e alteração postural. Portanto, os exercícios são importantes para restaurar o movimento funcional do braço e para prevenir e minimizar complicações decorrentes do tratamento.

Os exercícios básicos são: no dia seguinte à cirurgia, manter o braço cerca de 20 centímetros afastado do corpo e apoiado sobre um travesseiro, de modo que o cotovelo, o punho e a mão fiquem mais altos que o ombro (ver Figura A, a seguir); dois dias depois, movimentar suavemente o punho (Figura B), o cotovelo (Figura C)

CÂNCER DE MAMA (PREVENÇÃO E DOENÇA) | 109

e o ombro (Figura D), dez vezes, três vezes ao dia, e apertar, vagarosamente, uma bola de borracha macia (Figura E), durante cinco minutos, três vezes ao dia. A partir do quarto dia, dentre outros exercícios, fazer o movimento do pêndulo (Figuras F e G), mas peça orientação ao seu médico; subir os dedos pela parede e manter a posição durante cinco segundos (Figura H). Coloque as palmas da mão para dentro, apoiadas na parte externa das pernas, que devem se encontrar unidas. Abra os braços sem dobrar os cotovelos e matenha-os no máximo da elevação conseguida por cinco

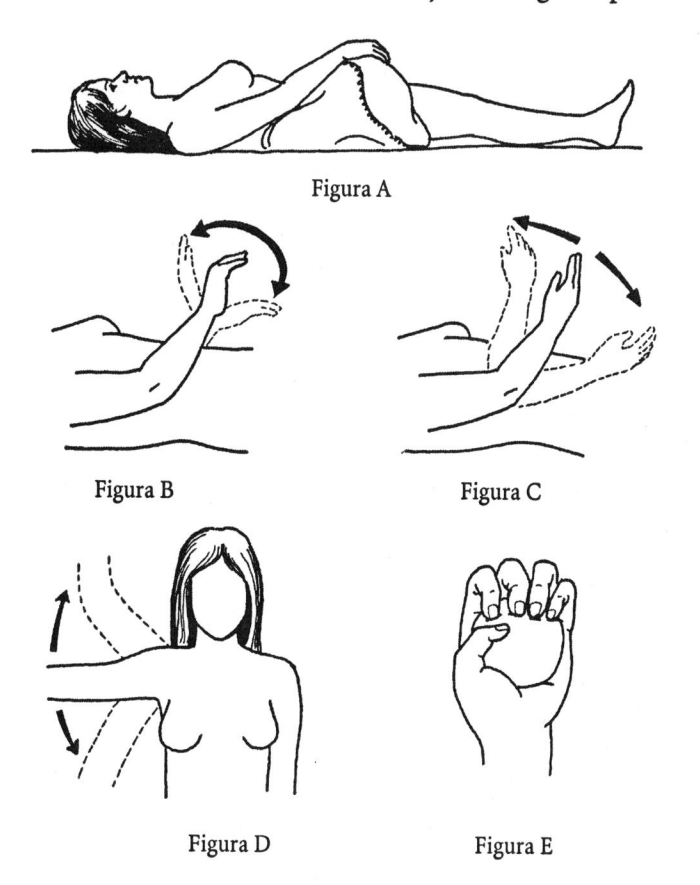

Figura A

Figura B

Figura C

Figura D

Figura E

Figura F   Figura G

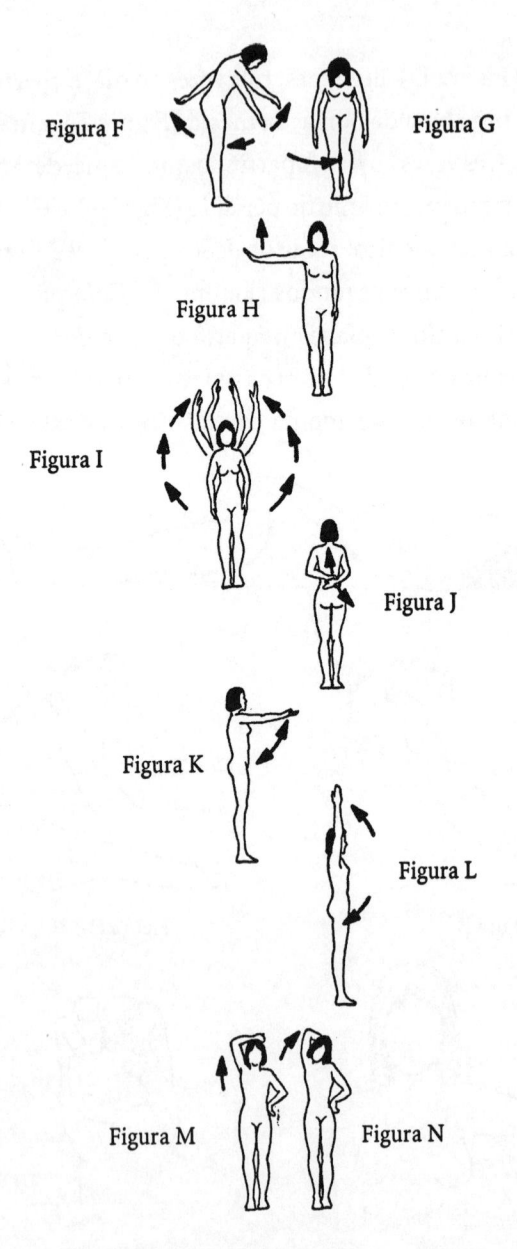

Figura H

Figura I

Figura J

Figura K

Figura L

Figura M   Figura N

Programa de exercícios pós-operatório

segundos (Figura I). Depois, encoste os braços nas costas, mantendo-as retas, e dobre suavemente o cotovelo, levando a mão para cima e para baixo (Figura J). Dando prosseguimento, posicione os dois braços — retos e paralelos — frente ao peito, com a palma da mão para cima e para baixo, e os abaixe lentamente sem dobrar os cotovelos, mantendo-se assim por dez segundos (Figura K). Em seguida, com as palmas das mãos para dentro, levante os dois braços juntos, tocando as palmas da mão por cima da cabeça, mantendo-os elevados por dez segundos e então retornando à posição inicial (Figura L). Por fim, com a mão apoiada na cintura, eleve o braço do lado operado por cima da cabeça e procure tocar a orelha do lado oposto. Mantenha a posição por dez segundos e retorne à posição inicial (Figuras M e N).

Os movimentos em que os braços se aproximam das mamas e como que se aconchegam nelas são confortáveis, não só para mulheres mastectomizadas mas também para todas que se submetem à plástica embelezadora. Proporcionam sensação de repouso e relaxamento para os braços e a região torácica, ainda traumatizada.

78. **As atividades físicas — por exemplo: musculação, aeróbica, pilates, ioga — podem ser reiniciadas em quanto tempo depois da cirurgia? E dirigir carro?**
R. De modo geral, após a cicatrização da ferida operatória, em torno do trigésimo dia. Mas a paciente deve ser estimulada a fazer exercícios aeróbicos o quanto antes. Pilates, hidroginástica, alongamento e ioga são excelentes atividades; mas devem ser realizadas com alguma restrição: não podem ser feitos exercícios em quatro apoios, com carga e rápidos. Os exercícios devem ser

reiniciados lentamente e de forma progressiva. Caso sinta peso ou cansaço no braço após as atividades, diminua as repetições. Os exercícios de musculação não devem ser realizados com o braço porque podem levar à inchação deste (linfedema). Já a caminhada pode ser feita desde o início do pós-operatório, pois faz diminuir a sensação de cansaço decorrente do tratamento (quimioterapia, por exemplo).

Pode-se recomeçar a dirigir após a efetivação da cicatriz. O ideal é usar carro com direção hidráulica. Uma boa dica é fazer um pouco de alongamento com os braços ao parar nos sinais.

79. As próteses externas funcionam bem nos casos de mastectomia sem cirurgia plástica reconstrutora?

R. Nos casos em que não foi realizada a cirurgia plástica reparadora, podem-se usar as próteses externas para moldar a anatomia feminina. Podem ser usadas de forma definitiva ou até a reconstrução cirúrgica e devem ser utilizadas após a cicatrização completa. Mesmo em cirurgias conservadoras com preservação de parte da mama, pode haver uma assimetria que necessite de alguma correção. Há serviços de muita eficiência, que atendem até em domicílio, fabricantes de próteses de espuma, que têm pequenos pesos no seu interior e são moldadas conforme a estatura e o gosto da mulher. Elas são colocadas dentro do sutiã — pode ser qualquer um, até com rendas —, no qual é costurado um forro, como se fosse uma fronha. Deste modo o sutiã pode ser lavado normalmente. A prótese especial para biquínis ou maiôs é feita apenas com espuma, para não pesar quando molhada.

CÂNCER DE MAMA (PREVENÇÃO E DOENÇA) | 113

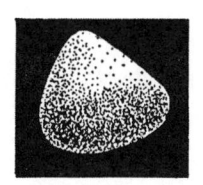

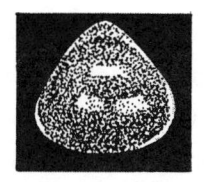

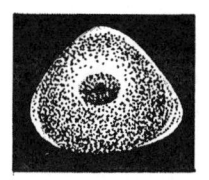

Modelos de próteses

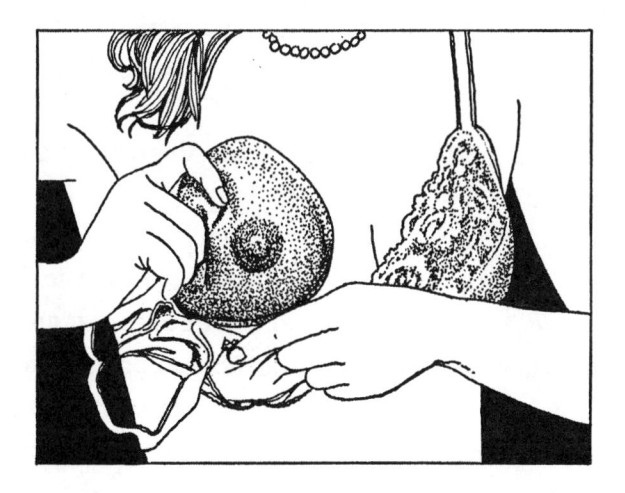

Prótese mamária externa

80. O que fazer em relação aos sutiãs (ou maiôs e biquínis) após a mastectomia?
R. Durante pelo menos os 15 primeiros dias do período pós-operatório, use sutiã abotoado na frente, sem costuras e sem ferragens. Os sutiãs para próteses externas são um pouco mais altos na frente, para proteger o músculo peitoral. Para as mulheres cuja mastectomia foi radical, as próteses em forma de gota são as mais indicadas, porque preenchem o vazio axilar. As de forma triangular são as melhores, após a mastectomia parcial. Os maiôs também

devem ser apenas um pouco mais altos na frente e sob os braços. Eles devem ter o bojo de algodão, duplo, uma espécie de estojo onde será colocada a prótese externa, bem macia. A prótese de silicone é usada depois da retirada dos pontos e pode ser molhada. Mas usar biquínis, maiôs, vestidos decotados e seguir as tendências da moda, assim como nadar e praticar os esportes habituais, são costumes que devem e podem ser mantidos. Eles são fundamentais para estabelecer ou manter a auto-estima — mesmo se a mulher perder a sensibilidade no seio.

81. E a sexualidade depois do tratamento do câncer de mama?

R. Sobre a sexualidade, lembramos que ela não se resume ao seio. Se for realmente importante na sua vida, na companhia do seu parceiro você encontrará novas formas de continuar uma relação sexual gratificante. O carinho é essencial na primeira relação do casal após a cirurgia. O papel do parceiro é fundamental e ele deverá participar de todas as etapas do pós-operatório. Outro ponto muito importante na reabilitação social da mulher é o retorno às atividades profissionais, o que deverá ocorrer o mais breve possível.

82. Há dicas para se prevenir o linfedema? E qual é o tratamento para ele?

R. Linfedema é o edema linfático que se caracteriza por uma retenção de líquido e aumento volumétrico do braço. Pode ser temporário ou definitivo. O tratamento que apresenta melhores resultados, atualmente, é a terapia física complexa ou linfoterapia. É uma combinação de práticas, composta de drenagem linfática manual, terapia compressiva (enfaixamento ou uso de malhas compressivas), exercícios e cuidados com a pele.

Para prevenir o linfedema, evite cortes e machucados no braço; extremos de temperatura (sauna, banhos muito quentes, sol forte); apertar o braço afetado (jóias, relógios, anéis e mangas devem ser largos); retirar cutícula e depilar a axila. Previna-se contra picadas de insetos, não tome injeções ou vacinas, nem colete sangue ou afira pressão no braço afetado. Fazer uma boa higiene no braço, mantendo-o hidratado; usar luvas de proteção nas atividades domésticas (lavar louça, jardinagem, cozinhar) e usar também protetor solar e repelente, quando necessário, além de retirar os pêlos da axila com tesoura, creme depilatório ou com máquina.

Ao viajar de avião, convém usar malha compressiva (braçadeira) e, se observar o braço quente e vermelho, procure seu médico. Ao usar um produto novo no braço, primeiro use-o do lado oposto para testar uma eventual alergia. Já a automassagem linfática pode ser feita para estimular a abertura de vias secundárias para a drenagem da linfa.

83. A homeopatia e os fitoterápicos podem ajudar no pós-operatório? Eles podem atenuar os efeitos colaterais da quimioterapia e da radioterapia?
R. Podem, sim. São tratamentos que auxiliam nos casos de infecções, cicatrização e hemorragias no pré e pós-operatório. Especialmente no caso de cirurgia nas mamas, a homeopatia ajuda na drenagem linfática, evitando deste modo o linfedema que muitas vezes ocorre quando há esvaziamento ganglionar (das axilas). Há, inclusive, uma substância homeopática chamada *vaso linfático*, destinada a manter ativa a circulação linfática. Mas lembramos que o tratamento homeopático é clínico. Portanto, a prevenção é fundamental, assim como todos os exames de controle e/ou procedi-

mentos cirúrgicos, quando necessários, realizados com orientação do médico mastologista e fisioterapeuta.

Durante a quimioterapia, a medicação homeopática atua protegendo o fígado e o estômago, aliviando as náuseas, os vômitos e a indisposição gástrica. A acupuntura também pode ser empregada, trazendo benefícios para alguns pacientes.

Na radioterapia, atua para evitar fibroses, e, em uso tópico, protegendo a pele de manchas escuras e do ressecamento.

84. Que tipo de alimentação ajuda a prevenir o câncer de mama?

R. Os riscos podem se reduzir quando se evitam gordura animal, alimentos defumados, muito salgados, ou com corantes (frios, queijos fortes). O azeite extravirgem é indicado, assim como as frutas frescas, que ajudam a regeneração das células. As frutas, os legumes e as verduras podem ser consumidos diariamente, e as proteínas dos peixes, carnes e ovos contribuem para manter os tecidos saudáveis.

As mulheres que tiveram tumor maligno no seio e se trataram devem seguir as sugestões da dieta para prevenção.

Existem trabalhos que sugerem que os agrotóxicos (herbicidas) estão relacionados à maior incidência de câncer na população. Devemos procurar alimentos mais naturais e orgânicos.

Alguns estudos sugerem benefícios no consumo de gorduras monoinsaturadas (azeite de oliva extravirgem). O aumento do consumo de fibras não parece exercer efeito protetor, nem a ingestão de vitamina C ou E. Há sugestão, no entanto, apesar de não ser definitiva, da ação protetora da vitamina A, principalmente os carotenóides. Eles diminuiriam o risco do câncer de mama. O consumo de vegetais (em especial os verdes) e, em menor proporção, de frutas reduziria a associação — mas há pouca consistência nessa teoria. O consumo de fitoestrogênios (daidzen e genistein) está aumentado em alguns países do Oriente, onde a incidência do câncer de mama é menor. Mas ainda não há evidências suficientes para associar fitoestrogênios e proteção ao câncer de mama.

85. O tabagismo pode reforçar os riscos de câncer de mama? E o café, o álcool? A obesidade aumenta os riscos?
R. O tabagismo é prejudicial a vários órgãos — já existe, inclusive, uma relação comprovada entre ele e o câncer de pulmão, esôfago, cabeça, pescoço, rim, bexiga e pâncreas —, mas não há estudos comprovados que o relacionem ao câncer de mama. A cafeína parece também não estar relacionada.

Já o álcool, sim: a associação do consumo de álcool e aumento do risco desse tipo de câncer é, de longe, a mais resistente. Quanto maior o consumo, maior o risco. Uma única dose diária de uísque, um copo por dia de vinho ou uma cerveja diária (são 10 gramas de álcool) estão associados a 10% no aumento do risco de desenvolver o tumor. Mas é uma associação que não pode ser examinada de forma isolada porque a principal causa da mortalidade em mulheres é a doença cardiovascular e devemos pensar que uma a duas doses diárias de álcool têm efeito protetor sobre essa moléstia.

O ganho de peso de jovens, durante a infância e adolescência, está associado ao aumento de risco de câncer de mama após a menopausa, quando a incidência é maior. O ganho de 2 a 10 quilos está associado ao aumento de 20% no risco. O tecido adiposo, principalmente na pós-menopausa, funciona como uma fábrica de hormônios sexuais e aumenta o risco de câncer de mama.

86. O que o médico pode fazer em relação às mulheres de grupos de risco do câncer de mama?

R. Em primeiro lugar, o médico deve fazer um aconselhamento. Elas devem ser cuidadosamente avaliadas e instruídas a estabelecer um estilo de vida equilibrado e, na medida do possível, harmonioso. Nas adolescentes e nas jovens, evitar radiografias desnecessárias e procurar também evitar o uso de anticoncepcionais. Durante o climatério, é recomendável o controle de peso, o consumo moderado de álcool e cigarros, as dietas balanceadas, as atividades físicas ou esportivas regulares (o índice de câncer de mama entre atletas é bem baixo), o auto-exame mensal e o exame clínico e a mamografia anuais a partir dos quarenta anos. A ressonância magnética tem-se mostrado útil para estas mulheres.

Observamos também que já estão sendo desenvolvidos testes para uso comercial avaliando a predisposição genética por meio das dosagens do BRCA1 e do BRCA2. Mas ainda são procedimentos em fase de pesquisa.

87. Quais os procedimentos possíveis para prevenir o câncer de mama?

R. Nesses casos de grande risco, dispomos da mastectomia profilática, uma conduta excepcional, reservada apenas aos casos extremamente específicos e selecionados, devendo ser utilizada somente após rigorosa avaliação médica, oncológica e psicológica. A mastectomia é associada à reconstrução imediata e reduz em mais de 90% a chance de aparecimento do câncer de mama, mas os resultados nem sempre satisfazem as mulheres e podem determinar sérios problemas psicológicos. Existem drogas sendo testadas para prevenção primária do câncer de mama (quimioprevenção) e os resultados preliminares com os retinóides, tamoxifeno e raloxifeno são animadores, apresentando uma redução de cerca de 50% na incidência de câncer entre as usuárias.

88. O estresse e a depressão podem levar ao câncer de mama?

R. Dois séculos antes de Cristo, o câncer já era definido como "a doença das mulheres melancólicas". Aconselhamos que na equipe médica que inicia o tratamento haja a atuação de terapeuta com especialização em psiconcologia. Ele (ou ela) iniciará o trabalho, paralelamente à comunicação do diagnóstico de câncer de mama, quando a mulher se vê frente a frente com questões que podem ser assustadoras: a morte, a finitude, a mutilação e a transformação eventual da sua sexualidade.

Muitas vezes a morte de um pai, ou de uma mãe, a perda de um filho, um divórcio, uma aposentadoria indesejada ou uma perda doída, um grande trauma, enfim, podem estabelecer uma relação temporal com o início da neoplasia ou da recidiva. Ainda não se pode afirmar com certeza, mas em geral, quando o resultado do exame histopatológico chega, pode haver uma relação de tempo entre o começo da neoplasia ou da recidiva com o fato traumático. Não se pode afirmar que uma perda importante causa o câncer. Muitas pessoas sofrem perdas dolorosas e não desenvolvem uma neoplasia. Mas uma perda importante, que não tenha sido ressignificada, pode ajudar o aparecimento de doenças, entre elas o câncer. (Ressignificar uma perda é metabolizá-la bem, aceitá-la, e transpor o fato, criando outros significados para ele.)

Há pessoas que se fixam num fato e continuam a vivê-lo, sem evoluir para outras etapas, outros projetos, outras metas. São prisioneiras do passado, o que causa um estresse contínuo, crônico.

Mesmo não percebido, nem sentido, este estresse vai minando o funcionamento do seu organismo como um todo e propiciando o surgimento de diversas doenças. A psiconeuroimunologia, ciência que explica o funcionamento sistêmico do ser, confere autenticidade a essa teoria. Ou seja: uma alteração em qualquer sistema — psicológico, neurológico, endócrino, emocional e imunológico — acarreta um desequilíbrio em todas as partes do indivíduo.

Quando o sistema entra em falência, aparecem as doenças. Quando o estresse contínuo não é resolvido, o sistema imunológico é minado. Um organismo deprimido e sem defesas — sem as células NK-matadoras naturais, ligadas ao desenvolvimento das células tumorais — tem mais chances de permitir o aparecimento e desenvolvimento de tumores e a recidiva.

89. Como a psicoterapia pode ajudar a enfrentar o câncer?
R. Uma psicoterapia adequada, com tempo determinado, ajudará a mulher a viver esse momento tão sério da sua vida. Durante as sessões ela aprenderá técnicas de visualização do tumor, de posterior visualização de cura e de ataques à lesão de células sadias do organismo.

É bom lembrar que, a partir do momento em que recebe um diagnóstico de câncer de mama, a mulher terá mais hormônios de estresse circulando pela sua corrente sangüínea. Dessa forma, a mudança nos níveis de produção de serotonina, o neurotransmissor responsável pelo humor, a deixará mais deprimida ainda, o que pode realimentar a doença e até provocar uma recidiva.

Por outro lado, há casos de mulheres que sofrem de "cancerofobia". Consultam dois ou mais especialistas e têm tal medo de adoecer que dão ao câncer uma importância fora dos padrões de bom senso. Resultado: acabam, por ironia, também estressadas e podem vir a adoecer. O psicoterapeuta procura reativar o sistema imunológico da paciente, proporcionando-lhe um espaço no qual poderá fazer uma série de perguntas que só um profissional saberá responder. E vai ouvi-la, o que já é um grande conforto.

Nesse momento de sofrimento, a mulher deve encontrar energias para fazer, por exemplo, exercícios antiestresse, para remanejar certos hábitos estressantes e para refletir, meditar, enfim, para cuidar mais e melhor de si mesma.

O tratamento psicológico oferece a possibilidade de a mulher se colocar numa posição ativa diante da doença. Dará a ela a consciência de estar tomando iniciativas em conjunto com a equipe médica que a assiste. Mostra que a mulher tem a oportunidade de agir e de ajudar a reativar seu sistema imunológico, diminuindo o estresse e a depressão. Ela pode encontrar recursos e instrumentos internos para que o organismo tenha a chance de "frear" a moléstia.

É importante observar que há mulheres que, mesmo sabendo que tiveram uma doença potencialmente fatal, conseguem afastá-la e continuar suas vidas, normalmente, após a alta. Muitas pessoas, diante da possibilidade real da finitude, refazem seus planos de vida, mudam seus valores, tornam-se pessoas mais autênticas e passam a viver realmente o presente — afinal, o único tempo que todos nós temos...

Muitos pacientes oncológicos têm a plena consciência de que sua doença é crônica. Não vai ser curada mas também não é uma sentença de morte iminente. Cada vez mais aumenta o número de pacientes que lutam e combatem um câncer, anos a fio, e continuam vivendo plenamente, dentro das suas possibilidades. A posição de "vítima" adotada por certos pacientes é muito negativa. Impede que superem o papel de "doente" e sejam pessoas que "tiveram um câncer". É muito importante o papel da *alegria* nos processos da doença e da cura.

A Clínica Mayo, nos Estados Unidos, num estudo com pessoas que há trinta anos se definiam como otimistas, observou que as mesmas adoeceram 50% menos do que outras pessoas.

E vamos lembrar das mulheres que tiveram um câncer de mama e engravidaram depois. Hoje, isto não é uma heresia. Tomando-se as devidas precauções, o fato já é uma realidade.

90. Quais as chances de sobrevida para quem tem câncer de mama? Quais são as perspectivas dessa mulher?

R. Para quem promove mudanças radicais no seu estilo de viver, depois de ter tido câncer de mama; para quem melhora sua qualidade de vida; para quem quebra o paradigma de vida anterior à doença e administra melhor a forma de trabalhar; para quem administra mais adequadamente sua ansiedade profissional e para quem corta os excessos, para estas mulheres, mesmo com patologias graves, vêem-se muitos anos de vida pela frente. Elas morrem muito tempo depois de terem sido diagnosticadas com câncer — e por vezes até de outras moléstias.

Hoje, já existem novas drogas que aumentam a sobrevida até de pacientes cuja doença entrou no estágio da metástase. Os taxóides, por exemplo, são drogas quimioterápicas mais poderosas que as atuais, e estão sendo testadas. Poderão ser utilizadas também em tratamentos adjuvantes (preventivos). Os anticorpos monoclonais humanizados surgidos recentemente combatem de modo específico os diversos tipos de tumor na mama, e a toxicidade dos medicamentos encontrados no mercado é cada vez menor. As crescentes possibilidades de reconstrução da mama (no caso de mastectomia) tornam o câncer no seio uma doença cada vez mais sob controle.

Tratando corretamente a moléstia, e prestando mais atenção aos cuidados que sua saúde exige, com mais consciência do corpo físico, psíquico, emocional e espiritual, pode-se transformar o episódio do câncer na mama numa oportunidade preciosa para realizar os acertos há tempos necessários no seu cotidiano, promovendo mudanças radicais — e positivas — na sua vida.

91. E o câncer de mama no homem?
R. É um câncer muito raro, ocorre na proporção de um para cada cem casos entre as mulheres. Está geralmente associado à presença de fatores genéticos (mutações genéticas).

O câncer de mama masculino pode estar, também, relacionado ao uso de hormônios femininos.

Clinicamente se apresenta como um nódulo duro na mama. O diagnóstico por imagem pode ser feito por mamografia, ultra-sonografia ou ressonância magnética.

O tratamento segue os mesmos princípios do câncer na mulher, e a cirurgia é sempre a mastectomia. A radioterapia e a quimioterapia dependerão dos fatores prognósticos do tumor.

V.
Cirurgia estética e reconstrutora

Diversos motivos levam a mulher a se submeter às cirurgias plásticas embelezadoras dos seios: em geral, por uma questão de vaidade ou porque a moda decreta, de tempos em tempos, que seios bonitos são os seios pequenos e delicados, ou, ao contrário, que a "verdadeira beleza" é um par de seios grandes, empinados, generosos e voluptuosos — como atualmente, por exemplo. Mas, além deste vaivém da moda, a mulher pode se sentir desconfortável com a forma e o tamanho dos seios — o que pode até inibi-la durante as relações sexuais.

As cirurgias embelezadoras podem corrigir desproporções gritantes, como por exemplo seios grandes demais para determinada estatura. Ou aliviam dores de coluna insistentes, provocadas por seios demasiadamente pesados. Ou ainda contribuem para a mudança da postura.

Até há pouco tempo, a maior demanda, nesta área, era a cirurgia de redução dos seios. Mas, com a importação de padrões estético-culturais norte-americanos, que celebram os seios grandes, as cirurgias para a colocação de próteses ultrapassaram, em número, as cirurgias de redução. Hoje, a tendência, de modo geral, entre as mulheres de todas as idades, é procurar a cirurgia plástica com o objetivo de levantar e aumentar as mamas, se bem que as cirurgias redutoras continuem, ainda, sendo as mais freqüentes.

São as adolescentes quem mais procura as cirurgias de redução e correção de assimetria das mamas, porque o impacto emocional na jovem que tem seios muito grandes ou desiguais a impede de desenvolver normalmente seu processo de desenvolvimento e socialização. E, no caso das cirurgias para levantar os seios, o cirurgião utiliza, na medida do possível, os próprios tecidos da mama para erguê-las.

O importante, sempre, é o médico e a paciente discutirem detalhadamente, antes da cirurgia, sobre a extensão e a forma que a cicatriz irá assumir — o que vai depender do volume retirado, no caso de redução. Em condições normais, a plástica mamária não impede uma amamentação futura, e esta deve ser estimulada pelos seus inúmeros benefícios físicos e psicológicos para o recémnascido.

Mas há também as cirurgias plásticas reconstrutoras, que promovem a reconstrução dos seios, nos casos de mastectomia ou de retirada de parte da mama ocasionada pela existência de tumores. Elas também provocam dúvidas e perguntas importantes das pacientes nos consultórios de cirurgiões plásticos. Por isso se encontram no capítulo a seguir.

92. Em que consiste a cirurgia redutora de mamas?
R. Consiste na retirada de parte da glândula e de parte da gordura da mama, em proporções variáveis, conforme o caso. A redução costuma ser feita, em menor ou maior escala, na parte inferior do seio e/ou na lateral. É uma cirurgia que dura de duas horas a duas horas e meia, com anestesia geral, local ou peridural, conforme cada caso.

O cirurgião pode utilizar os seguintes tipos de incisões: periareolar, ou no sulco inframamário, na região axilar ou utilizando cicatrizes preexistentes.

93. Como é a cirurgia de aumento das mamas?
R. Em geral, as próteses para aumento dos seios são colocadas na região retroglandular, ou seja, entre o músculo e a glândula mamária, para não alterar seu funcionamento, inclusive a amamentação. Depois, no decorrer dos anos, o organismo cria uma cápsula em torno dela, funcionando como defesa e proteção, além de isolar o corpo estranho. É um processo semelhante ao que a ostra desenvolve para criar a pérola.

Basicamente elas têm dois formatos: o redondo e o anatômico. A diferença está no perfil e no contorno de cada uma. As próteses anatômicas têm contornos ovais e circulares. A prótese em formato de pêra é anatômica e bastante usada nos casos em que há necessidade de se projetar mais o pólo inferior da mama e quando o volume mamário é pequeno. Ela oferece um perfil com um caimento mais natural. A prótese de modelo redondo, com perfil alto ou superalto (um modelo bem recente), é utilizada para aumentar como um todo o volume mamário e para projetar o pólo superior. É a mais indicada e a mais requisitada. As duas são utilizadas para aumentar e para reconstruir as mamas. Chamamos a atenção para que todas estas informações devem ser discutidas detalhadamente entre o cirurgião e a paciente, durante as consultas do período pré-operatório.

94. O que é contratura?

R. A prótese é de silicone ou de soro fisiológico, com revestimento rugoso de poliuretano. A cápsula é uma fina camada formada pela disposição de fibras do colágeno. Eventualmente pode ocorrer uma contratura, que é um endurecimento desta camada.

A Sociedade Brasileira de Cirurgia Plástica sugere a troca de próteses a cada dez, vinte anos. No entanto, esta recomendação tem cerca de dezoito anos, quando ainda eram usadas as próteses mais antigas, à disposição no mercado na época. As próteses mais modernas tendem a ser mais resistentes e com menos efeitos adversos.

95. Quais são os procedimentos pré-operatórios de cirurgia nas mamas? Há necessidade de se fazer exames de laboratório?

R. Há, sim. O cirurgião solicita o perfil laboratorial reduzido da paciente e o teste de risco operatório. Para mulheres acima de 35 anos, o médico mastologista também deve participar da avaliação, solicitando uma mamografia para afastar qualquer hipótese de doenças mamárias associadas.

Além disso, durante os três dias anteriores à cirurgia, a pele dos seios deve ser lavada com água e sabonete degermante, com substâncias bactericidas que combatem os germes naturais. Uma semana antes a depilação nas axilas deve ser suspensa, para evitar danos à estrutura cutânea. E oito horas antes, jejum completo, incluindo abstenção de líquidos.

No caso de cirurgias reconstrutoras, os cuidados são os mesmos.

Os fragmentos retirados da mama sempre devem ser encaminhados para exame anatomopatológico, mesmo que não haja suspeita de alterações.

96. Como é o pós-operatório?
R. Nesta fase, o sucesso do resultado final vai depender, também, da capacidade de disciplina da paciente. Cada dia em que os exercícios recomendados não são feitos é um dia perdido no processo de reabilitação, e não poderá ser compensado no futuro. Os movimentos devem ser extremamente cuidadosos, não se devem carregar crianças ou grandes volumes nem levantar os braços acima da linha dos ombros. A mama deve repousar no seu novo invólucro para facilitar a cicatrização, evitando o surgimento de grandes diferenças de altura e de volume entre os dois seios. É conveniente frisar que todo ser humano tem uma ligeira assimetria entre um lado e outro do corpo, e, no caso das mulheres, a assimetria atinge os seios.

Dirigir carro, retornar à vida sexual, profissional e às tarefas domésticas sem qualquer restrição, somente um mês após a operação, quando todos os pontos terão sido retirados e a cicatrização estará no fim do processo de consolidação.

O retorno aos exercícios físicos habituais e aos esportes só deve ocorrer após três meses, exceto as caminhadas diárias, que devem ser reiniciadas logo no primeiro dia de volta a casa. Embora o primeiro dia seja mais penoso, vale a pena caminhar, porque a boa disposição será maior, a mulher se sentirá mais positiva, mais satisfeita e será também uma colaboradora mais eficiente na própria recuperação.

O ideal, após uma cirurgia embelezadora dos seios, é fazer massagens, com orientação médica. O tecido conjuntivo da pele foi manuseado e a região está traumatizada. Algumas vezes a pele fica insensível durante algum tempo e a massagem auxilia o retorno à normalidade. É infundada a idéia de que as cicatrizes, após seis meses da cirurgia, não se modificam mais. As massagens e o uso de cremes adequados indicados pelo médico ou pelo fisioterapeuta contribuem para um aspecto melhor da cicatriz, se for o caso.

O tempo de internação hospitalar após a cirurgia de mastectomia seguida de implante de expansor é de três dias. Para cirurgia de colocação de prótese, até 48 horas.

Nas cirurgias de reconstrução, a internação é um pouco mais prolongada, porque a área de cicatrização é mas extensa e o trauma cirúrgico, mais agressivo. Já nos casos de inclusão de próteses, o período é menor.

Os pontos são retirados entre 15 e 21 dias após a operação. As cicatrizes são imobilizadas com faixas adesivas ou tiras de silicone durante o espaço de um a três meses. O médico costuma acompanhar a paciente durante seis meses, quando as cicatrizes já amadureceram. Inicialmente, as consultas são de 15 em 15 dias; depois, uma vez por mês e, por fim, em espaços bimestrais.

97. Como são feitas as incisões nas mamas?
R. Todas as incisões e os chamados refinamentos introduzidos nas cirurgias embelezadoras dos seios, de 1959 para cá, têm por objeti-

vo reduzir, o máximo possível, a extensão, o tamanho e a forma da cicatriz. A incisão clássica é a da forma da letra "T" invertida, com a base no sulco das mamas, e ao redor da aréola. Novas técnicas, como a da incisão apenas ao redor da aréola, podem ser formidáveis, mas têm limites e devem ser realizadas apenas em determinados casos, de acordo com o tamanho das mamas e com a retirada de material (no caso das cirurgias redutoras).

98. Como é a cirurgia para corrigir os chamados mamilos invertidos?
R. Ela corrige os mamilos planos, não projetados o suficiente para permitir a amamentação. Os mamilos invertidos resultam de uma deformidade congênita. É uma malformação nas estruturas onde terminam os ductos da glândula mamária. Na maioria das vezes a mulher não poderá amamentar, mesmo após a correção, porque não possui a papila, que é atrofiada. Neste caso, a cirurgia passa a ser uma tentativa de exteriorização e de projeção. Há um resultado estético, mas não funcional.

99. Como é a cirurgia plástica de reconstrução da mama?
R. Depende da retirada da mama, isto é, da mastectomia realizada antes: mastectomia radical, radical modificada ou parcial. Vai depender, portanto, dos tecidos remanescentes. Neste caso, o cirurgião vai se preocupar não com o que será retirado do seio, mas com o que restou dos tecidos. A retirada de 50 gramas, por exemplo, de uma mama que pesa 500 gramas, ou seja, apenas 10% dela, não faz grande diferença. Mas numa outra, que pesa 200 gramas, estes 50 gramas retirados podem fazer com que se rompa o equilíbrio volumétrico entre os seios.

Nos casos em que a mama é pequena ou naqueles em que a retirada da glândula é parcial, o cirurgião atua como se fizesse uma operação embelezadora de redução, procurando refazer o equilíbrio natural. Pode implantar uma prótese na mama retirada e diminuir a outra. Se não é caso de uso de prótese, ele poderá montar uma mama menor e, da mesma forma, diminuir a mama contralateral.

100. O que é um expansor?
R. Expansor é uma bolsa de silicone conectada a uma válvula, colocada sob a pele imediatamente após a conclusão do trabalho do cirurgião mastologista, nos casos de mastectomias. No caso de mastectomia total, mas com a conservação da musculatura do grande peitoral, trabalha-se com os tecidos remanescentes. Utilizar um expansor é um procedimento indicado nos casos em que a pele, logo após a mastectomia, ainda é escassa e não comporta o implante de uma prótese.

O expansor vai sendo inflado gradativamente com soro fisiológico, em sessões regulares, no consultório do cirurgião plástico, até alcançar o volume desejado. O seu tamanho depende da quantidade de soro fisiológico que se deseja injetar em seu interior, de modo a obter o volume desejado, o qual, por sua vez, depende dos tamanhos da outra mama e do tórax da paciente. A base de expansores mais usada é a redonda. Ao serem inflados, eles apresentam a conformação de uma meia esfera. Há outros com a base quadrada e com a válvula dupla. O objetivo dos expansores é a obtenção de uma forma mais cônica e menos arredondada. A diferença de custo entre os dois é grande, e as diferenças no pós-operatório não são significativas.

Atualmente, no caso de reconstrução, o tipo de expansor permanente é o mais indicado. É um implante com dois compartimentos unidos pelo mesmo envoltório. Um, destinado ao silicone em gel; o outro, vazio, para ser expandido gradualmente com soro fisiológico até o volume necessário. Como o nome indica, não precisa ser substituído, e a sua válvula é bem menor que a dos provisórios.

Em geral, a duração das duas cirurgias, uma seguida da outra (mastectomia e colocação de expansor ou prótese), é de cerca de duas horas.

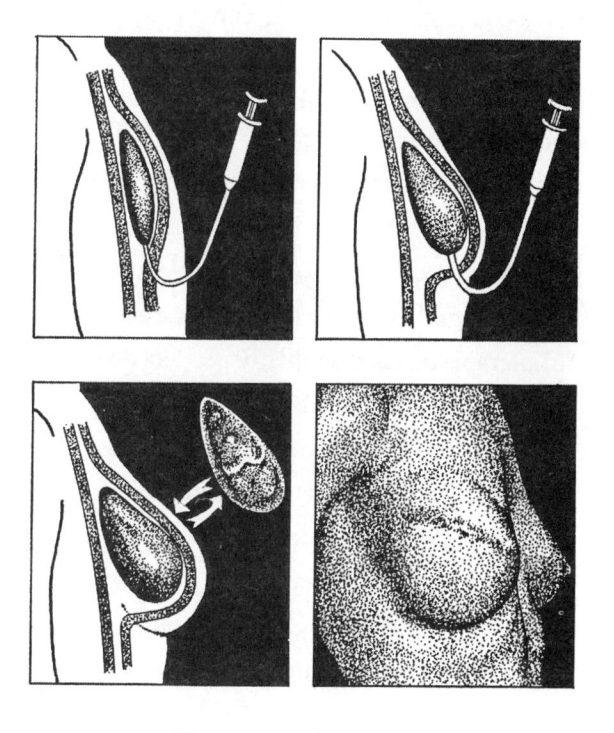

Expansor submuscular

101. Quais são as chances de infecção e/ou rejeição do implante (expansor e, depois, prótese)? Há outros riscos ou efeitos colaterais a serem considerados?

R. Esta possibilidade sempre existe. Uma infecção pode comprometer a cirurgia e determinar a retirada da prótese. Cuidados pré-operatórios, como limpeza adequada da pele, o uso de antibióticos e uma boa técnica cirúrgica, evitam as complicações.

O cigarro é um inimigo da cirurgia plástica porque altera a vascularização e atrapalha a cicatrização. Deve ser suspenso pelo menos trinta dias antes da cirurgia. Assim como medicamentos que alteram a coagulação sangüínea, como a aspirina.

102. Qual o espaço entre a primeira cirurgia (mastectomia) e a segunda (reconstrução)?

R. Cerca de três meses. No local onde se encontrava o expansor, a prótese encontrará uma espécie de bolsa acolchoada pela musculatura, pronta para recebê-la. Caso a paciente, no intervalo entre uma e outra cirurgia, esteja recebendo tratamentos adjuvantes, como quimioterapia ou radioterapia, dependerá do radioterapeuta ou do oncologista a decisão de liberá-la para que seja submetida à cirurgia de reconstrução da mama.

O complexo areolopapilar também será restaurado com a retirada de retalhos de pele mais pigmentada, que pode ser a da raiz da coxa. O mamilo poderá ser restaurado com a retirada de parte do mamilo do outro seio, caso ele seja grande e bem projetado. Em outros casos, pode ser feita uma tatuagem.

103. Como é feita a reconstrução da mama nos casos de cirurgias de porte, as grandes mastectomias?
R. A técnica cirúrgica dependerá da forma de apresentação da doença. Sempre que possível, o mastologista procura fazer a mastectomia preservando o máximo de pele para facilitar a reconstrução. Em alguns casos isto não é possível. Quando são retirados o grande e o pequeno músculo peitoral, ou quando a musculatura se conservou delgada demais, ou ainda nos casos de pessoas debilitadas ou idosas, em resumo, quando o implante de expansor não é possível, é realizada cirurgia de grande porte. Retira-se, em geral, a pele do abdome para ser aplicada na região mamária. Em casos extremos, quando até este procedimento é impossível, são retirados retalhos de pele e de músculos localizados no tronco, em especial nas costas, do grande dorsal e músculos retoabdominais. Em seguida, é feita a cirurgia plástica tradicional de abdome.

A duração deste tipo de cirurgia é de quatro a cinco horas. O resultado estético da cirurgia com retalho muscular, apesar de mais longa e trabalhosa, tende a promover melhores resultados estéticos a longo prazo.

104. No caso de uma cirurgia de mama, pode-se perder a sensibilidade no seio operado?
R. A sensibilidade vai depender acima de tudo do valor subjetivo que cada mulher observa e de como ela se relaciona com essa sensibilidade. Conforme o descolamento necessário para a inclusão do implante — o que dependerá, por sua vez, do volume a ser incluído —, poderá haver uma redução na sensibilidade até o mamilo. Depois, ela vai retornando até por volta dos seis meses

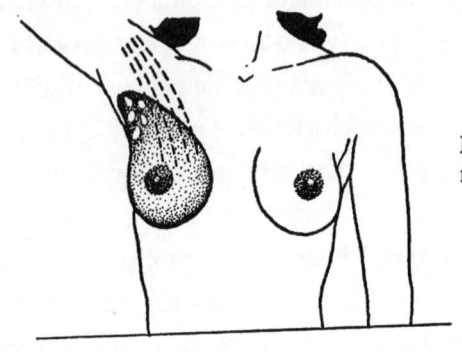

Mastectomia radical

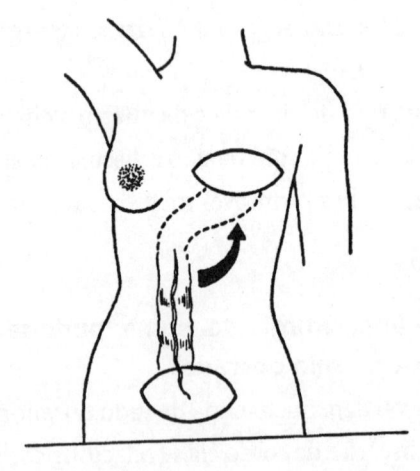

Reconstrução com retalho dermomuscular de abdome

Mastectomia com reconstrução

seguintes. Mas isto não é regra. A sensibilidade pode retornar antes ou depois desse tempo. Poderá ser diferente entre as mamas e pode até aumentar.

Digamos que a normalidade retorna após cerca de seis meses da cirurgia.

Perguntas que tranqüilizam (para se fazer ao médico)

Não apenas as respostas do médico podem tranqüilizar a paciente. Para que isso aconteça e ele a coloque a par de sua situação geral — de modo que a batalha contra a doença tenha raízes no convívio com a realidade e não em ilusões e fantasias negativas, as quais, muitas vezes, são até sem propósito —, é preciso saber fazer algumas perguntas-chave aos profissionais de saúde da equipe multidisciplinar que acompanha o tratamento desde os primeiros procedimentos.

Estas são perguntas cujas respostas podem tranqüilizar a mulher e permitir que ela entenda claramente o que está acontecendo.

Antes da cirurgia

- Por quanto tempo devo permanecer no hospital? Vou precisar de alguém para me ajudar quando voltar para casa?
- O que vou sentir depois de ser operada? Quais serão as restrições nas minhas atividades de rotina?
- Onde ficará a minha cicatriz? Como vai ficar a sensibilidade do meu seio após a cirurgia?

Depois da cirurgia

- Quando estarei pronta para retomar minhas atividades?
- Que precauções devo tomar? (No caso de terem sido retirados nódulos linfáticos.) Devo evitar tomar injeções nesse braço e depilar ou raspar a axila do lado operado?
- Quais as minhas chances de ter um linfedema, já que foram removidos alguns nódulos linfáticos?
- Que exercícios especiais devo fazer com os braços? Por quanto tempo? Que atividades e exercícios devo evitar?
- Onde posso encontrar um grupo ou uma associação de mulheres que também tenham tido câncer de mama? Onde posso encontrar um psicoterapeuta que me ajude emocionalmente?
- Quando o meu tratamento terminar, quem será responsável pelo meu acompanhamento — o médico mastologista ou o oncologista?
- Com que freqüência devo fazer exames de controle, de laboratório, raios X?

Cirurgia reconstrutora

- Que tipos de cirurgia reconstrutora existem? O meu plano de saúde cobre este tipo de cirurgia?
- Qual a melhor cirurgia no meu caso? Por quê?
- Quais as chances de infecção e/ou rejeição do implante que vai ser feito? Há outros riscos ou efeitos colaterais a serem considerados?
- Quando será melhor fazer a reconstrução? Imediatamente após a cirurgia ou alguns meses mais tarde?

- A quantas cirurgias vou ter de me submeter? Quantos dias vou ficar internada no hospital em cada uma delas? E o tempo para a convalescença? Devo evitar tomar algum medicamento antes da operação?
- Vou sentir muita dor depois da cirurgia? Que mudanças verei no meu corpo?
- O implante da prótese fará com que o novo seio se assemelhe ao meu seio saudável? O que pode ser feito para que o novo seio fique mais parecido com o saudável?
- Serei capaz de identificar uma possível recidiva da doença após a reconstrução da mama?
- Não desejando fazer a reconstrução, que tipos de próteses externas encontro à venda no mercado?

No momento do diagnóstico

- O que revelou a biópsia que fiz?
- Que tipo de câncer de mama eu tenho? Qual o estágio dele? Qual o tamanho do tumor? Tenho metástase?
- Que exames foram feitos no tumor e quais os resultados?
- Que exames preciso fazer antes da cirurgia para ver se o câncer se espalhou para outros órgãos?

Hormonioterapia

- Quais os hormônios indicados para o meu caso? Por quê?
- Qual o efeito deles?
- Quais os eventuais efeitos colaterais desses hormônios a curto e a longo prazos?

Quimioterapia

- Por que a quimioterapia é o tratamento recomendado para o meu caso?
- Que drogas vou tomar? Por quê?
- Quais os eventuais efeitos colaterais? Eles serão permanentes? Quais os riscos a longo prazo?
- Que efeitos colaterais devo comunicar com urgência ao médico?
- Quando a quimioterapia será iniciada?
- Qual a forma do tratamento e a sua freqüência?
- Qual a duração dele? Devo me submeter a outros tratamentos também?
- Durante o período do tratamento, posso continuar trabalhando, fazendo ginástica, praticando esportes? E que cuidados devo tomar enquanto estiver me submetendo à quimioterapia?

Radioterapia

- Por que a radioterapia é recomendada no meu caso? Outras terapias serão necessárias?
- Por quanto tempo ela se estenderá? Quando se iniciará o tratamento?
- Quem será o médico responsável pela minha radioterapia?
- Quais os efeitos colaterais possíveis e por quanto tempo eles se manifestarão?
- Que riscos esse tratamento pode apresentar a longo prazo?
- Que precauções e restrições devo observar durante esse período? E depois do tratamento (por exemplo, uso de cremes, loções)?

- Vou poder continuar minhas atividades habituais (sexo, trabalho, esportes) durante o tratamento? E depois dele?

Opções de tratamento

- Quais as opções de tratamento para o meu caso? E quais os procedimentos recomendados? Por quê?
- Qual a sua opinião sobre a cirurgia conservadora seguida de radioterapia? Esse procedimento é indicado no meu caso?
- Vou precisar fazer tratamento adjuvante (radioterapia, quimioterapia, hormonioterapia) depois da cirurgia? Qual o médico indicado?
- A reconstrução da mama vai ser feita logo após a mastectomia ou mais tarde, em outro tempo cirúrgico? Qual o cirurgião plástico indicado?
- Se eu não quiser fazer a reconstrução da mama, quais as próteses externas existentes e onde posso achá-las?

Direitos dos doentes de câncer

Nem todos os pacientes oncológicos conhecem os direitos concedidos pelas leis brasileiras ou a proteção que, em vários casos, elas lhes oferecem.

A legislação — federal e estadual — aqui apresentada é a que se encontra no *site* do Instituto Nacional de Câncer (INCA), compilada de modo a facilitar e a informar os portadores de algum tipo de câncer.

P. O que é amparo assistencial ao idoso e ao deficiente?
R. De acordo com a lei, é o benefício que garante um salário mínimo mensal ao idoso com idade mínima de 67 anos que não exerça atividade remunerada, e ao portador de deficiência incapacitado para o trabalho e a vida independente.

P. O doente de câncer tem direito ao amparo assistencial?
R. Sim. O doente de câncer que sofre de deficiência ou com idade superior a setenta anos tem direito a uma renda mensal, desde que comprove a impossibilidade de garantir seu sustento e que sua família também não tenha essa condição. Que não esteja vinculado a nenhum regime de previdência social e não receba benefício de espécie alguma. Mesmo em estado de internação, tanto o idoso

como o deficiente têm direito ao benefício. O amparo assistencial é intransferível, não gerando direito à pensão aos herdeiros ou sucessores. O beneficiário não recebe 13º salário.

P. Quando a família é considerada incapaz de manter o doente?
R. Quando a renda mensal de seus integrantes, dividida pelo número destes, é inferior a ¼ (um quarto) do salário mínimo. Esse cálculo considera o número de pessoas que vivem no mesmo domicílio: o cônjuge, o(a) companheiro(a), os pais, os filhos e irmãos não emancipados de qualquer condição, menores de 21 anos ou inválidos.

P. Como fazer para conseguir o benefício?
R. Para solicitar o benefício, o doente deve fazer exame médico pericial no INSS e conseguir o laudo médico que comprove sua deficiência. Também deverá encaminhar um requerimento à Agência da Previdência Social com a apresentação dos seguintes documentos:
1. Número de identificação do trabalhador — NIT (PIS/Pasep) — ou número de inscrição do Contribuinte Individual/Doméstico/Facultativo/Trabalhador Rural;
2. Documento de Identificação do requerente (Carteira de Identidade e/ou Carteira de Trabalho e Previdência Social);
3. Cadastro de Pessoa Física (CPF) do requerente, se tiver;
4. Certidão de Nascimento ou Casamento;
5. Certidão de Óbito do(a) esposo(a) falecido(a), se o requerente for viúvo(a);
6. Comprovante de rendimentos dos membros do grupo familiar;

7. Curatela, quando maior de 21 anos e incapaz para a prática dos atos da vida civil;
8. Tutela, no caso de menores de 21 anos, filhos de pais falecidos ou desaparecidos;

Formulários:
   Requerimento de Benefício Assistencial — Lei 8.742/93;
   Declaração sobre a Composição do Grupo e da Renda Familiar do Idoso e da Pessoa Portadora de Deficiência;
   Procuração (se for o caso), acompanhada de identificação do procurador.

P. Qual a duração do benefício?
R. A renda mensal deverá ser revista a cada dois anos para avaliação das condições do doente e comprovação da permanência da situação do momento em que foi concedido o benefício. O pagamento deste cessa no momento em que ocorrer a recuperação da capacidade de trabalho ou em caso de morte do beneficiário, não dando direito aos dependentes de requerer o benefício de pensão por morte.
   Para mais informações, ligue para o PREVFone (0800 78 0191).
   Fonte: Previdência Social.

P. O doente de câncer pode solicitar a aposentadoria por invalidez?
R. Sim, desde que o doente seja considerado inapto para o trabalho. De acordo com a Previdência Social, tem direito ao benefício o segurado que for considerado incapaz de trabalhar e não esteja sujeito à reabilitação para o exercício de atividade que lhe garanta

a subsistência, independente de estar recebendo ou não o auxílio-doença.

O doente de câncer terá direito ao benefício, independente do pagamento de 12 contribuições, desde que tenha a qualidade de segurado, isto é, que seja inscrito no Regime Geral de Previdência Social (INSS).

P. Quando o doente começa a receber o benefício?
R. Caso o segurado esteja recebendo o auxílio-doença, a aposentadoria por invalidez começará a ser paga a partir do dia imediato ao da cessação do auxílio-doença.

Quando o doente não estiver recebendo o auxílio-doença, o benefício começará a ser pago a partir do 16º dia de afastamento da atividade ou a partir da data da entrada do requerimento, se entre o afastamento e a entrada do requerimento decorrerem mais de trinta dias.

Para os trabalhadores autônomos, o benefício começará a ser pago a partir da data da entrada do requerimento, quando requerido após o 30º dia do afastamento da atividade.

P. Quando o benefício deixa de ser pago?
R. O benefício deixa de ser pago quando o segurado recupera a capacidade para o trabalho; quando volta voluntariamente ao trabalho ou quando solicita e tem a concordância da perícia médica do INSS.

Para mais informações, ligue para o PREVFone (0800 78 0191).

Fonte: Previdência Social.

P. O que é auxílio-doença?
R. Auxílio-doença é o benefício mensal a que tem direito o segurado, inscrito no Regime Geral de Previdência Social (INSS), quando fica incapaz para o trabalho (mesmo que temporariamente) em virtude de doença por mais de 15 dias consecutivos.

P. O doente de câncer tem direito ao auxílio-doença?
R. Sim, desde que fique impossibilitado de trabalhar para seu sustento. Não há carência para o doente receber o benefício, desde que ele seja segurado do INSS. A incapacidade para o trabalho deve ser comprovada através de exame realizado pela perícia médica do INSS.

P. Como fazer para conseguir o benefício?
R. O doente deve comparecer ao posto da Previdência Social mais próximo de sua residência para marcar a perícia médica. É muito importante levar a Carteira de Trabalho ou os documentos que comprovem sua contribuição ao INSS, além da declaração ou exame médico que descreva seu estado clínico.

P. Quando o doente começa a receber o benefício?
R. O segurado empregado começa a receber o benefício a partir do 16º dia de afastamento da atividade. Já os demais segurados recebem a partir da data do início da incapacidade ou de entrada do requerimento, quando requerido após o 30º dia do afastamento da atividade.

Para mais informações, ligue para o PREVFone (0800 78 0191).

Fonte: Previdência Social.

P. O doente de câncer tem direito à isenção de imposto de renda na aposentadoria?
R. Sim. Os doentes de câncer estão isentos do imposto de renda relativo aos rendimentos de aposentadoria, reforma e pensão, inclusive as complementações. (RIR/1999, art. 39, XXXIII; IN SRF n. 15/2001, art. 5º, XII.)

Mesmo os rendimentos de aposentadoria ou pensão recebidos acumuladamente não sofrem tributação, ficando isento o doente de câncer que recebeu os referidos rendimentos. (Lei 7.713/88, art. 6º, XIV.)

P. Como fazer para conseguir o benefício?
R. Para solicitar a isenção, o doente deve procurar o órgão que paga a aposentadoria (INSS, prefeitura, estado etc.) com requerimento e comprovar a doença mediante laudo pericial a ser emitido por serviço médico oficial da União, dos estados, do DF e dos municípios, sendo fixado prazo de validade do laudo pericial, nos casos passíveis de controle. (Lei 9.250/95, art. 30; RIR/1999, art. 39, §§ 4º e 5º; IN SRF n. 15/2001, art. 5º, §§ 1º e 2º.)

P. Quais os documentos necessários para solicitar o benefício?
R. Os documentos necessários para o requerimento são:
1. Cópia do laudo histopatológico;
2. Atestado médico que contenha:
   — diagnóstico expresso da doença;
   — CID (Código Internacional de Doenças);
   — menção ao Decreto 3.000 de 25.3.1999;
   — estágio clínico atual da doença e do doente;

— carimbo legível do médico com o número do CRM (Conselho Regional de Medicina)

P. Quando o doente começa a estar isento do imposto de renda?

R. Após a solicitação e realizada a perícia médica, caso o pedido seja aceito, a isenção de imposto de renda para os doentes aposentados é automática. É importante saber que só terá direito ao pedido de isenção os doentes aposentados.

Fonte: Receita Federal.

P. O que é ICMS?

R. O ICMS é o imposto estadual sobre operações relativas à circulação de mercadorias e sobre prestação de serviços. Cada estado possui sua própria legislação que regulamenta o imposto. Confira na lei estadual se existe uma menção para a concessão de isenção do imposto na compra de veículos especialmente adaptados e adquiridos por deficientes físicos.

P. Quais os documentos necessários para a solicitação de isenção do ICMS na compra de veículo adaptado?

R. No estado de São Paulo, por exemplo, o doente deve comparecer ao posto fiscal da área de sua residência, apresentar o requerimento em duas vias e os seguintes documentos:

1. Declaração expedida pelo vendedor do veículo na qual conste:
   — o número do CIC ou CPF do comprador;
   — que o benefício será repassado ao doente;

— que o veículo se destinará a uso exclusivo do doente, impossibilitado de utilizar modelo de carro comum por causa de sua deficiência.
2. Original do laudo da perícia médica fornecido pelo Departamento Estadual de Trânsito do Estado de sua residência que ateste e especifique:
   — a incapacidade do doente para dirigir veículo comum;
   — a habilitação para dirigir veículo com características especiais;
   — o tipo de deficiência, a adaptação necessária e a característica especial do veículo;
3. Cópia autenticada da Carteira de Habilitação que especifique no verso as restrições referentes ao motorista e à adaptação realizada no veículo.

Para solicitar a declaração descrita acima, o doente deve entregar ao vendedor:
— cópia autenticada do laudo fornecido pelo Detran;
— documento que declare, sob as penas da lei, o destino do automóvel para uso exclusivo do doente, devido à impossibilidade de dirigir veículos comuns por causa de sua deficiência.

Fonte: Posto Fiscal Eletrônico da Secretaria de Fazenda do Estado de São Paulo.

P. Quando o doente de câncer tem direito de solicitar a isenção de IPI na compra de veículos?
R. O IPI é o imposto federal sobre produtos industrializados. O direito à isenção do doente de câncer só ocorre quando este tem deficiência física nos membros superiores ou inferiores, impossibilitando-o de dirigir veículos comuns. É necessário que o doente

solicite ao médico os exames e o laudo médico que descrevam e comprovem a deficiência.

P. Que veículos podem ser adquiridos com isenção de IPI?
R. Automóveis de passageiros ou veículos de uso misto de fabricação nacional movidos a combustível de origem renovável. O veículo precisa apresentar características especiais, originais ou resultantes de adaptação, que permitam sua adequada utilização por pessoas portadoras de deficiência física, admitindo-se, entre tais características, o câmbio automático ou hidramático (acionado por sistema hidráulico) e a direção hidráulica.

A adaptação mencionada anteriormente poderá ser efetuada na própria montadora ou em oficina especializada. O IPI incidirá normalmente sobre quaisquer acessórios opcionais que não constituam equipamentos originais do veículo adquirido.

O benefício somente poderá ser utilizado uma vez, exceto se o veículo tiver sido adquirido há mais de três anos, caso em que o benefício poderá ser utilizado uma segunda vez.

P. Como fazer para conseguir a isenção?
R. De acordo com a Lei 10.182/2001 (restaura a vigência da Lei 8.989/95, que dispõe sobre a isenção do Imposto sobre Produtos Industrializados — IPI— na aquisição de automóveis destinados ao transporte autônomo de passageiros e ao uso de portadores de deficiência), para solicitar a isenção o doente deve:
1. Obter, junto ao Departamento de Trânsito do estado onde residir, os seguintes documentos:
    — laudo de perícia médica, atestando o tipo de deficiência física e a total incapacidade para conduzir veículos comuns,

indicando o tipo de veículo, com as características especiais necessárias, que está apto a dirigir, de acordo com resolução do Conselho Nacional de Trânsito — Contran;
— carteira nacional de habilitação com a especificação do tipo de veículo, com suas características especiais, que está autorizado a dirigir, conforme o laudo de perícia médica, de acordo com resolução do Conselho Nacional de Trânsito — Contran;
2. Apresentar requerimento em três vias na unidade da Secretaria da Receita Federal de sua jurisdição, dirigido à autoridade fiscal competente a que se refere o art. 6º, ao qual serão juntadas cópias autenticadas dos documentos citados acima. O delegado da Receita Federal ou inspetor da Receita Federal de Inspetoria de Classe "A", com jurisdição sobre o local onde reside o doente, são as autoridades responsáveis pelo reconhecimento da isenção.

As duas primeiras vias permanecerão com o doente e a outra via será anexada ao processo. As vias do doente devem ser entregues ao distribuidor autorizado da seguinte forma:
a) a primeira via, com cópia do laudo de perícia médica, será remetida pelo distribuidor autorizado ao fabricante ou ao estabelecimento equiparado a industrial;
b) a segunda via permanecerá em poder do distribuidor. É importante que, na nota de venda do veículo, o vendedor faça a seguinte observação:
I. "Isento do imposto sobre produtos industrializados — Lei 8.989, de 1995", no caso do inc. I do art. 9º; ou
II. "Saída com suspensão do imposto sobre produtos industrializados — Lei 8.989, de 1995", no caso do inc. II do art. 9º.

Fontes: Receita Federal e Federação Nacional da Distribuição de Veículos Automotores.

P. O que é IPVA?
R. É o imposto estadual referente à propriedade de veículos automotores. Cada estado tem sua própria legislação que regulamenta o imposto. Confira na lei do seu estado se existe a regulamentação sobre a isenção do imposto a veículos especialmente adaptados e adquiridos por deficientes físicos.

Veja alguns estados que possuem a regulamentação: Distrito Federal, Espírito Santo, Goiás, Minas Gerais, Paraíba, Pernambuco, Piauí, Rio de Janeiro, Rio Grande do Norte, Rio Grande do Sul, São Paulo.

P. Caso o doente já tenha adquirido veículo anterior com isenção, o que deve fazer para transferi-la ao novo veículo?
R. No caso do veículo anterior, o doente deve ter cópia do comprovante de Baixa de Isenção. Para o carro novo, o doente deverá providenciar uma cópia de nota fiscal da compra e requerimento do Registro Nacional de Veículos Automotores (Renavam), com a etiqueta da placa do veículo.

P. Quando o doente de câncer pode solicitar a quitação do financiamento?
R. O doente com invalidez total e permanente, causada por acidente ou doença, tem direito à quitação desde que esteja inapto para o trabalho e que a doença determinante da incapacidade tenha sido adquirida após a assinatura do contrato de compra do imóvel.

P. Qual valor pode ser quitado?
R. Ao pagar as parcelas do imóvel financiado pelo Sistema Financeiro de Habitação (SFH), o proprietário também paga um seguro que lhe garante a quitação do imóvel em caso de invalidez ou morte. Em caso de invalidez, o seguro quita o valor correspondente ao que o doente deu para o financiamento.

A entidade financeira que efetuou o financiamento do imóvel deve encaminhar os documentos necessários à seguradora responsável pelo seguro.

P. O doente de câncer pode realizar o saque do FGTS?
R. Sim. O FGTS pode ser retirado pelo trabalhador que tiver neoplasia maligna (câncer) ou pelo trabalhador que possuir dependente doente de câncer.

P. Quais os documentos necessários para o saque do FGTS?
R. Os documentos necessários são:
— documento de identificação;
— carteira de trabalho;
— comprovante de inscrição no PIS/Pasep;
— original e cópia do laudo histopatológico (estudo em nível microscópico de lesões orgânicas) ou anatomopatológico (estudo das alterações no organismo pela patologia), conforme o caso;
— atestado médico* que contenha:
    — diagnóstico expresso da doença;
    — CID (Código Internacional de Doenças);

---
*A validade do atestado médico é de trinta dias.

— menção à Lei 8.922 de 25.07.1994;
— estágio clínico atual da doença e do doente;
— CRM e assinatura, sobre carimbo, do médico;
— comprovante de dependência, se for o caso.

P. Qual o valor a ser recebido na retirada do FGTS?
R. O valor recebido será o saldo de todas as contas pertencentes ao trabalhador, inclusive a conta do atual contrato de trabalho. No caso de saque por câncer, persistindo os sintomas da doença, o saque na conta poderá ser efetuado enquanto houver saldo, sempre que forem apresentados os documentos necessários.

Fonte: Caixa Econômica Federal.

P. O doente de câncer pode realizar o saque do PIS?
R. Sim. O PIS pode ser retirado na Caixa Econômica pelo trabalhador cadastrado que tiver neoplasia maligna (câncer) ou o trabalhador que possuir dependente doente de câncer.

P. Quais os documentos necessários para o saque do PIS?
R. Para efetuar o saque são necessários os seguintes documentos:
— comprovante de inscrição no PIS/Pasep;
— carteira de trabalho;
— documento de identificação;
— atestado médico fornecido pelo médico que acompanha o tratamento do doente, com as seguintes informações:
  — diagnóstico expresso da doença;
  — estágio clínico atual da doença/doente;
  — CID (Classificação Internacional da Doença);

— menção à Resolução 01/96, de 15/10/1996, do Conselho Diretor do Fundo de Participação PIS-Pasep;
— carimbo que identifique o nome/CRM do médico;
— cópia do exame histopatológico ou anatomopatológico que comprove o diagnóstico;
— comprovação da condição de dependência do doente, quando for o caso.

P. Que valor o doente tem a receber?
R. O trabalhador receberá o saldo total de cotas e rendimentos.

Fonte: Caixa Econômica Federal.

Glossário

Ácino — conjunto de células produtoras de leite.
Alopecia — perda de cabelos.
Anorexia — perda de apetite.
Aréola — estrutura central da mama onde se projeta a papila.
Auto-exame — exame manual das mamas feito pela própria mulher.

Benigno — qualidade de nódulo ou tumor que não é canceroso nem invade os órgãos vizinhos ou distantes.
Biópsia — remoção de tecidos para exame microscópico e diagnóstico.

Câncer — grupo de doenças em que as células malignas crescem sem controle e comprometem outros órgãos.
Candidíase — micose causada por *Candida albicans*.
Carcinogênese — processo de transformação de células benignas em malignas sob a ação de agentes físicos, químicos ou biológicos.
Carcinogênico — substância que causa câncer.
Células NK — células "*natural killer*", responsáveis pela defesa do organismo.
Colágeno — fibra natural que sustenta os tecidos.

Dermatite — qualquer processo inflamatório da pele.
Displasia — desarranjo no tecido mamário.

Dosagem de receptor de estrogênio — teste para determinar se o câncer de mama é estimulado pelo estrogênio.
Ductos principais — conduzem a secreção (leite) até a papila; são em número de quinze a vinte.

Eczema — processo inflamatório cutâneo descamativo.
Edema — acúmulo de líquido em alguma parte do corpo.
Endométrio — tecido que reveste internamente a cavidade uterina.
Estadiamento — determina extensão da doença no corpo.
Esterno — osso localizado no tórax que se articula com as costelas.
Estrogênio — hormônio feminino produzido pelos ovários.
Estroma — tecido frouxo que circunda os lóbulos e os ductos mamários.
Etiologia — agente causal.
Exame citológico — análise microscópica de células.
Exame por congelação — técnica em que o tecido retirado é congelado e rapidamente examinado no microscópio pelo patologista.
Exógeno — externo, produzido fora do organismo.
Expressão — compressão.

Fáscia — tecido fibroso que reveste estruturas.
Fatores ambientais — são fatores não-genéticos que afetam nosso corpo, como vírus, toxinas, poluentes, cigarro, drogas e dieta.
Fatores de risco — qualquer fator que aumente a chance de uma pessoa vir a ter uma doença.
Fatores prognósticos — fatores avaliados que sugerem a gravidade da doença e a possibilidade de cura.
Foliculite — processo inflamatório do pêlo (folículo piloso).

Gadolínio — contraste magnético para ressonância.
Gene — localizado nos núcleos das células; contém todas as informações herdadas dos nossos pais. Nós herdamos metade dos genes da mãe e outra metade do pai.

GLOSSÁRIO

Glândula supra-renal — duas pequenas glândulas que liberam hormônios, localizadas no pólo superior dos rins.

Her-2 — também conhecido como c-erb-2, é um oncogene que pode estar aumentado em alguns tumores e representa pior prognóstico.

Herceptin (trastuzumab) — é um anticorpo hormonal humano específico para tumores Her-2 positivos.

Hiperplasia — crescimento desordenado dos tecidos.

Hipocalórica — de baixa caloria.

Hormônio — substância reguladora do crescimento, do metabolismo e da reprodução; é secretado pelas glândulas.

Imunossupressão — depressão do sistema imunológico.

Inibidor da aromatase — classe de medicamentos hormonais que bloqueiam a síntese de estrogênios em mulheres na pós-menopausa.

In situ — sem invasão, restrito ao ducto mamário.

Linfedema — inchação e dilatação dos vasos linfáticos obstruídos.

Linfonodos — gânglios linfáticos que participam do sistema de defesa do organismo.

Linfonodo sentinela — primeiro linfonodo de drenagem do tumor.

Lobo mamário — conjunto de ácinos e pequenos ductos.

Mastite — processo inflamatório das mamas.

Mastologista — médico especializado na prevenção, no diagnóstico e tratamento das doenças benignas e malignas das mamas.

Metástase — proliferação de células neoplásicas malignas em outros órgãos.

Microcalcificação — depósito de cálcio no tecido mamário.

Mutação — mudança, diferenciação.

Neoplasia — tecido que sofreu transformação benigna ou maligna.
Neurotransmissor — substância responsável pelas transmissões no sistema nervoso.

Oncologista — médico especializado no tratamento clínico do câncer.

Papila — protuberância elástica onde desembocam os ductos mamários.
Parênquima — árvore mamária ou tecido glandular mamário.
Patologista — médico especializado em examinar tecidos e líquidos pelo microscópio, para dar um diagnóstico definitivo.
Progesterona — hormônio feminino produzido pelos ovários.
Prognóstico — evolução da doença na expectativa do médico.
Proliferar — crescimento dos tecidos.

Quadrante — porção correspondente a um quarto do volume total da mama.

Radiologista — médico especializado em métodos de imagem para diagnóstico das doenças.
Radioterapeuta — médico especializado na radioterapia.
Radiotraçador — substância radioativa injetada para marcar lesões mamárias ou o linfonodo sentinela.
Raloxifeno — substância utilizada para prevenção e tratamento da osteoporose, mas que reduz o risco de desenvolver câncer de mama.
Recidiva — reaparecimento dos sinais e dos sintomas.
Regressão — diminuição do tumor.
Remissão — desaparecimento completo dos sinais e sintomas da doença.
ROLL — cirurgia radioguiada para localização de lesão oculta.

Sistema linfático — rede que inclui linfonodos, linfa e vasos. Age como um filtro no organismo.

Tamoxifeno — substância hormonal usada no tratamento do câncer de mama.
Tecido — conjunto de células que exercem função específica.
Tecido adiposo — o restante da mama é preenchido por este tecido gorduroso; sua quantidade varia de acordo com as características físicas, o estado nutricional e a idade da mulher.
Tratamento paliativo — visa ao alívio da dor e dos sintomas, mas seu objetivo não é a cura da doença.
Tratamento adjuvante — tratamento que visa tratar eventuais micrometástases e determinar maior possibilidade de cura.
Turgência — inchação e distensão das mamas.

BIBLIOGRAFIA

ABRÃO, F.S. "Câncer de mama, etiopatogenia, diagnóstico e estadiamento". *Tratado de oncologia genital e mamária*. São Paulo: Roca, 1995.

AMERICAN CANCER SOCIETY. *Sexuality and cancer: for the woman who has cancer and her partner*. Pamphlet # 4657, 1991.

BARROS, A.; NOVAIS DIAS, E.; SALVADOR-SILVA, H.; NAZÁRIO, A. & FIGUEIRA FILHO, A. *Mastologia; condutas*. Rio de Janeiro: Revinter, 1998.

BASÉGIO, D. *Câncer de mama: abordagem multidisciplinar*. Rio de Janeiro: Revinter, 1998.

BERGER, K. & BOSTWICK III, J. *Woman's decision: breast care, treatment and reconstruction*. St. Louis: Quality Medical Publishing, 1994.

FRANCO, J.M. *Mastologia: formação do especialista*. Rio de Janeiro: Atheneu, 1997.

HIRSHAUT, Y. & PRESSMAN, P. *Breast cancer. The complet guide*. Nova York: Bantam, 1992.

KAYE, R. *Spinning straw into gold: your emotional recovery from breast cancer*. Nova York: Simon & Schuster, 1991.

LA TOUR, K. *The breast cancer companion: from diagnosis through treatment to recovery*. Nova York: William Morrow, 1993.

LOVE, S.M.; LINDSEY, K. & WESLEY, A. *Dr. Susan love's breast book.* Maryland: Addison-Wesley, 1995.

MAGALHÃES COSTA, M.; SALVADOR-SILVA, H.; NOVAIS DIAS, E. & FIGUEIRA FILHO, A. *Câncer de mama para ginecologistas.* Rio de Janeiro: Revinter, 1994.

MAGALHÃES COSTA, M. & REIS, Léa. *Saúde dos seios.* Rio de Janeiro. Diagraphic, 1999.

NOVAIS DIAS, E.; SALVADOR-SILVA, H.; CALEFFI, M. & FIGUEIRA FILHO, A. *Mastologia atual.* Rio de Janeiro: Revinter, 1994.

PASQUALETTE, H.; SOARES-PEREIRA, P.M.; KEMP, C. & KOCH, H. *Mamografia atual.* Rio de Janeiro: Revinter, 1997.

SANTOS Jr., L.A.; FREITAS JR., R.; MENEZES, M.V.; AMENDOLA, L.C. & VIEIRA, R. *Mastologia em questões.* Rio de Janeiro: Atheneu, 1998.

Y-ME. *When The Woman you Love Has Breast Cancer.* Chicago, IL: 1995.

Sites importantes

Nacionais

Clube da Mama
www.clubedamama.org.br

Federação Brasileira das Sociedades de Ginecologia e Obstetrícia
www.febrasgo.org.br

Hospital do Câncer — São Paulo
www.hcanc.org.br

Instituto Nacional de Câncer
www.inca.gov.br

Sociedade Brasileira de Mastologia
www.sbmastologia.com.br

Sociedade Brasileira de Oncologia Clínica
www.sboc.org.br

Sociedade Brasileira de Cancerologia
www.sbcancer.org.br

Para médicos

Bioinfoseek
www.bioinfoseek.com

Biooncology
www.biooncology.com

Cancer Education
www.cancereducation.com

Cancer Information Network
www.cancernetwork.com

Cancerlinks
www.cancerlinks.org

CancerSourceMD.com
www.cancersourcemd.com

OncoLink
www.oncolink.upenn.edu

Oncology Channel
www.oncologychannel.com

World Oncology Network
www.worldoncology.net

Rotinas de tratamento de câncer

American Society of Clinical Oncology, Clinical Practice Guidelines and Special Articles
www.asco.org

M.D. Anderson Cancer Center Practice Guidelines
http://utm-notes-db2.mdacc.tmc.edu/mdacc/cm/cwtguide.nsf/luhtml/sidebar1

Medicine OnLine
www.meds.com

National Cancer Institute, PDQ
http://cancernet.nci.nih.gov

National Comprehensive Cancer Network, Practice Guidelines
www.nccn.org

Links médicos gerais

American Medical Association
www.ama-assn.org/

Centers for Disease Control
www.cdc.gov

Doctor's Guide
www.docguide.com

Health A to Z
www.healthatoz.com

Health Web
www.healthweb.org

InteliHealth
www.intelihealth.com

Mayo Clinic
www.mayoclinic.com

MedExplorer
www.medexplorer.com

Medline
www.nlm.nih.gov

Medscape
www.medscape.com

PDR.net
www.pdr.net

Physicians Online
www.pol.net

Links específicos para câncer de mama

American Cancer Society — The Breast Cancer Resource Center
www.cancer.org

National Surgical Adjuvant Breast and Bowel Project
www.nsabp.pitt.edu

Instituições

Arizona Cancer Center
www.azcc.arizona.edu

Brigham and Women's Hospital
www.brighamandwomens.org

Cancer and Leukemia Group B — University of Chicago
www.calgb.org

Coalition of National Cancer Cooperative Groups
www.cancertrialshelp.org

Dana Farber Cancer Institute
www.dfci.harvard.edu

Duke University Medical Center
www.mc.duke.edu

Eastern Cooperative Oncology Group
http://ecog.dfci.harvard.edu

Fred Hutchinson Cancer Research Center
www.fhcrc.org

Johns Hopkins Hospital
www.hopkinsmedicine.org

M.D. Anderson Cancer Center
www.mdanderson.org

Mayo Clinic
www.mayo.edu

Memorial Sloan-Kettering Cancer Center
www.mskcc.org

National Comprehensive Cancer Network
www.nccn.org

Roswell Park Cancer Institute
www.roswellpark.org

San Antonio Cancer Institute
www.ccc.saci.org

Southwest Oncology Group
www.swog.org

Sociedades e associações

American Association for Cancer Research
www.aacr.org

American Cancer Society
www.cancer.org/frames

American College of Radiation Oncology
www.acro.org

American Institute for Cancer Research
www.aicr.org

Cancer Research Foundation of America
www.preventcancer.org

Cancer Research Institute
www.cancerresearch.org

Coalition of National Cancer Cooperative Groups
www.cancertrialshelp.org

National Surgical Adjuvant Breast and Bowel Project
www.nsabp.pitt.edu

Oncology Nursing Society
www.ons.org

Links para pacientes

Discovery Health
www.discoveryhealth.com

Cancer Research Foundation of America
www.preventcancer.org

Mayo Clinic
www.mayoclinic.com

Medicine OnLine
www.meds.com

Patient Advocate Foundation
www.patientadvocate.org

American Cancer Society
www.cancer.org/frames

CancerFatigue.org
www.cancerfatigue.org

Family Care Research Program
www.healthteam.msu.edu/fcrp

Partners Against Pain
www.partnersagainstpain.com

PDQ Supportive Care Summaries for Physicians
http://cancerweb.ncl.ac.uk/cancernet

Cancer Support Care
www.cancersupportivecare.com

Hospice Web
www.hospiceweb.com

National Cancer Institute: Nutrition
http://cancernet.nci.nih.gov

Pain.com
www.pain.com

OncoLink's Focus on Fatigue
www.oncolink.com

Medem's Complementary and Alternative Medicine/Alternative Diet and Nutritional Supplements
www.medem.com

National Center for Complementary and Alternative Medicine
http://altmed.od.nih.gov

The International Bibliographic Information on Dietary Supplements
http://dietary-supplements.info.nih.gov

ÍNDICE REMISSIVO

Abaulamentos da pele, 62
Abscessos, 51
Ácinos, 23
Acupuntura, 54
Adolescentes, 118
Aeróbica, 33, 111
Agrotóxicos, 116
Álcool, 52, 117
Alergia, 70
Alimentação, 30, 116
Alongamento, 33
Alopecia, 104
Alterações funcionais benignas das mamas (AFMB), 28, 71
Amamentação, 42, 51
   de filho adotado, 55
Amparo assistencial, 151
Anamnese, 72
Anticoncepcionais, 71, 92
Antidepressivos, 61
Aposentadoria por invalidez, 153
Assimetrias, 62

Auto-exame, 59, 62
Auxílio-doença, 155

Banco de leite, 55
Benefício assistencial, 152
Biópsia cirúrgica, 80
Biópsia, 54
Bombas de sucção, 50

Café, 117
Câncer de mama, 85, 87, 88
   diagnóstico, 94, 95
   em homens, 88, 123
   grupos de risco, 118
   tratamento, 95
Ciclo menstrual, 25
Cigarro, 52, 69
Cirurgia conservadora, 96
Cirurgia de aumento das mamas, 129
Cirurgia radical, 96
Cirurgia redutora de mamas, 129
Colostro, 45, 46

Congelação, 81
Contratura, 130
Core-biópsia, 79
Cremes, 37

Depressão, 119
Derrame papilar, 68
Desenvolvimento mamário, 25
Displasias mamárias, 28, 71
Distúrbios gástricos, 104
Dor mamária, 41, 61
Dor no peito, 61
Drenagem linfática manual, 114
Drogas antineoplásicas, 102
Drogas, 52
Ductos, 23

Eczemas, 31, 54
Endométrio, 26
Entorpecentes, 52
Estadiamento, 95
Estereotaxia, 80
Estresse, 119
Estrias, 29, 46, 70
Estrogênio, 25
Exame genético, 91
Exercícios de Hoffman, 47
Exercícios físicos, 33
Expansor, 134

Fáscia, 24
Fatores prognósticos, 102
FGTS, saque, 162

Fissuras nos mamilos, 45, 51
Fitoestrogênios, 117
Fitoterapia, 115
Fixação em parafina, 81
Fumo, 38

Gadolínio, 79
Gânglios da axila, 94
Ginástica localizada, 33
Ginecomastia, 71
Gravidez, 41

Hanseníase, 69
Hidratantes, 29
Hidroginástica, 33
Homeopatia, 115
Hormônios, 25, 61, 91
Hormonioterapia, 106

ICMS, isenção, 157
Implante, 136
IR, isenção na aposentadoria, 156
Inflamação, 62
Inibidores da enzima aromatase, 106
Intertrigo, 70
Ioga, 33, 111
IPI, isenção, 159
IPVA, isenção, 161
Irritações cutâneas, 31

Leite "empedrado", 50
Leite artificial, 48

Leite humano, 45
Lesão intraductal (ou *in situ*), 94
Linfedema, 114
Linfonodo (ou gânglio linfático sentinela), 99, 102
Lobo mamário, 23
Lóbulo mamário, 23

Mamadeira, 52
Mamas densas, 54
Mamilos invertidos, 133
Mamografia, 54, 66, 73, 74, 75
Mamotomia, 79
Massagens, 132
Mastalgia, 61
Mastectomia, 53, 95, 108, 113, 138
    radical, 96
Mastite, 69
    da lactação, 50
Meditação, 33
Menarca, 24
Menopausa precoce, 107
Micose, 31
Microcalcificações, 74
Micronódulos, 65
Musculação, 33, 111
Musculatura peitoral, 33
Músculo grande peitoral, 95
Mutações genéticas, 91

Neoplasia, 53
Neurotransmissor, 120
Nódulos, 64, 65

Obesidade, 117
Ocitocina, 41
Oncogenes, 102

Palpação, 62, 64, 66
Papila, 23, 24
Patologia benigna, 59
Pêlos, 38
Perda de cabelos, 104, 105
Pesos, 33
Piercing, 70
Pilates, 33, 111
PIS, saque, 163
Pós-operatório
    cuidados, 97
    exercícios indicados, 108
Prevenção, 118
Progesterona, 25
Prolactina, 25
Próteses, 52, 53
    externas, 112
    silicone, 75
Protetor solar, 37
Psiconcologia, 119
Psiconeuroimunologia, 120
Psicoterapia, 120
Punção, 79, 80

Quimioprevenção, 93
Quimioterapia, 102
    alimentação adequada, 105
    aplicação, 103

efeitos colaterais, 104
funcionamentos dos ovários, 107
primária (ou neoadjuvante), 103

Rachaduras, 45, 54
Radicais livres, 61
Radioterapia, 100
    efeitos colaterais, 101
Receptores hormonais, 102
Reconstrução da mama, 133
Relaxamento, 33
Reposição hormonal, 92
Ressonância magnética, 66, 78, 94
Retrações, 62
ROLL (localização radioguiada de lesões ocultas), 80

Secreções, 68
Sensibilidade no seio operado, 137
Serotonina, 120
Sexualidade, 114
Silicone, 70
Spray nasal, 49
Sutiã, 31, 32, 48

Tabagismo, 38
Tamanho do tumor, 102
Tatuagem, 70, 136
Telarca, 24
Tensão pré-menstrual (TPM), 27 29
Terapia compressiva, 114
Terapia física complexa (ou linfoterapia), 114
Tipo histológico, 102
Topless, 37
Tranqüilizantes, 61
Tuberculose, 69
Tumor, 64, 102
Turgência mamária, 46, 47

Ultra-sonografia, 54, 66, 94
    com imagem tridimensional (USG 3D), 77

Vasos linfáticos, 94
Vitaminas, 71, 105

PAPEL
CHAMOIS·FINE
alcalino

Este livro foi composto na tipologia Minion,
em corpo 11/15, e impresso em papel Chamois
Fine Dunas 80g/m² no Sistema Cameron da
Divisão Gráfica da Distribuidora Record.

Seja um Leitor Preferencial Record
e receba informações sobre nossos lançamentos.
Escreva para
RP Record
Caixa Postal 23.052
Rio de Janeiro, RJ – CEP 20922-970
dando seu nome e endereço
e tenha acesso a nossas ofertas especiais.

Válido somente no Brasil.

Ou visite a nossa *home page*:
http://www.record.com.br